◎ 曼德拉与妻子温妮携手走出监狱大门，并向支持者握起拳头致意。1990年2月11日，曼德拉终于重获自由，结束了长达27年的牢狱生涯，此时的他，已71岁。

◎ 1993年10月15日，挪威诺贝尔委员会授予非洲人国民大会主席曼德拉和南非总统德克勒克（右）诺贝尔和平奖。

◎ 1994年4月27日，南非首次全民大选，曼德拉投票。

◎ 1994年5月10日，在南非行政首都比勒陀利亚，南非第一任黑人总统纳尔逊·曼德拉在南非首席大法官科比特主持下宣誓就职。

◎ 1995年2月10日，时任南非总统的曼德拉重访罗本岛监狱。他曾在这里度过27年牢狱生涯中的19年。

◎ 2004年5月16日，南非获得2010年世界杯主办权。时年85岁的曼德拉在众人簇拥之下走上前台，举起大力神杯，喜极而泣。

◎ 2007年7月24日，曼德拉在约翰内斯堡与孩子们庆生。自1995年成立纳尔逊·曼德拉儿童基金会以来，曼德拉每年都会在7月18日自己的生日前后为孩子们举办一个生日会。

◎ 曼德拉与家人在一起。

NEVER
SAY GOODBYE!
特别纪念版

我把一生献给你
曼德拉传

杨 帆 ◎ 著

中国书籍出版社
China Book Press

序　言

钟声响起归家的讯号

在他生命里

彷佛带点唏嘘

黑色肌肤给他的意义

是一生奉献肤色斗争中

年月把拥有变做失去

疲倦的双眼带着期望

今天只有残留的躯壳

迎接光辉岁月

风雨中抱紧自由

一生经过彷徨的挣扎

自信可改变未来

问谁又能做到

……

这是中国人耳熟能详的旋律，却鲜有人知道，它歌唱的，是一位南非土地上的伟人。

他是曼德拉。

歌曲创作时，他还不是南非的总统，而是罗本岛上的阶下囚。

在香港报纸的某一个角落里，黄家驹拾起了千里之外的感动，在一个完全陌生的国度创作了脍炙人口的作品，黄皮肤的人们大多不知这种因缘际会，但依旧会随着旋律激情动容，感受生命的自由渴望。

　　罗本岛上，曼德拉究竟是如何感动了黄家驹，感动了世界，沸腾了中国人的血液？

　　论坎坷经历，遭遇牢狱之灾的政客多如牛毛；论掌握权力，疆域与时间都不乏有更权威的代表。为什么只有曼德拉能赢得不分种族、不分宗教、不分国家的人们的一致赞誉？

　　或许是因为他说："我并不是一生下来就渴望着自由，因为我生下来就是自由的，我以我能知道的各种方式享受着自由。"

　　或许是因为他在黑暗的监狱里生活了27年，历尽苦难，却没有成长为一个充满怨气的复仇者，而是仍旧为这个世界带来和平与温柔。

　　或许是因为他懂得在声望最盛时毅然卸任，对追随他的民众说："我已经演完了我的角色，现在只求默默无闻地生活。我想回到故乡的村寨，在童年时嬉戏玩耍的山坡上漫步。"

　　人们疑惑地问他，为什么不继续走政治之路。他笑着说，一个年近八十的人，哪里会有充沛的精力去涉足政治。他将最大的支持和鼓励给了自己的继任者姆贝基，并向公众表明，"他比我这个老家伙强。"实际上，此时的曼德拉，身体十分健康。

　　在人生光辉的巅峰，他淡然地全身而退，没有迟疑，也没有留恋，任凭那些栉风沐雨的岁月，沉淀在三千红尘里。而他，在挽留的人海中微笑着转身。

　　南非世界杯的四分之一决赛上，加纳队与乌拉圭队赛前特别拉出一个条幅："SAY NO TO THE RACISM！"（向种族主义说不！）这正是曼德拉拼搏一生的终极目标。

　　他是和平的使者，用一颗纯善的心，照亮了美好人间。假如没有曼德拉，世界所丢失的，不仅会有南非世界杯，还会有更多……

目 录

序言 / 1

第一章 理想与现实的边缘
1. 丢失了一头牛 / 3
2. 生活在王权下的少年 / 7
3. 科萨民族的花朵正在枯萎 / 10
4. 洗脑式教育 / 13
5. 走出福特哈尔大学 / 17
6. 逃婚 / 20
7. 误打误撞律师路 / 23
8. 爱情是这样的 / 26
9. 竟是永别 / 29

第二章 政治如空气一样无孔不入
1. 一个崭新的世界 / 35
2. 黑皮肤与黑土地 / 38
3. 为了更好地战斗 / 41
4. 哪里有压迫，哪里有斗争 / 44
5. 非暴力不合作 / 47
6. 走向成熟 / 51

1

7. "非洲迟早会回来的" / 54

8. 戛然而止的道理 / 58

第三章　不自由，毋宁死

1. 监狱是一所学校 / 65

2. 曼德拉方案 / 68

3. 步步艰难 / 71

4. 主席台上的歌声 / 76

5. 一个被囚禁的人 / 79

6. "从我们的尸体上跨过去" / 83

7. 一杯毒水 / 86

8. 从公民到罪犯 / 89

第四章　谁说白人是上帝的选择

1. 高级叛国罪 / 95

2. 离别的哀愁 / 98

3. 庭审攻坚战 / 100

4. 从自由斗士到爱情斗士 / 103

5. 退缩不是一种耻辱 / 107

6. 女性通行证 / 110

7. 阿扎尼亚泛非主义者大会 / 113

8. 沙佩维尔大屠杀 / 116

第五章　艰难与痛苦的岁月

1. 政府终于采取行动了 / 121

2. 短暂欢呼 / 124

3. 躲躲藏藏的生活 / 127
4. "民族之矛" / 129
5. 刺向白人政府 / 132
6. 国外之旅 / 135
7. 布下天罗地网 / 138
8. 越狱 / 141

第六章 孤岛上的修行

1. 上帝保佑非洲 / 147
2. 九十日拘留法 / 150
3. 你好，罗本岛 / 153
4. 瑞沃尼亚审判 / 156
5. 第一被告 / 159
6. 与死神擦肩而过 / 162
7. 迎接太阳的勇气 / 165
8. 心灵拉扯 / 168

第七章 全球最著名的囚犯

1. 秘密信息传递 / 173
2. 饥饿的力量 / 175
3. 不向残暴低头 / 178
4. 鲁图利特遣部队 / 181
5. 两个葬礼 / 184
6. 野蛮的狱警 / 187
7. 监狱外的温妮 / 190
8. 逃跑计划 / 193

第八章　一条充满荆棘的不归路

1. 六十岁礼物 / 199
2. 索维托暴乱 / 202
3. 托起希望 / 205
4. "释放曼德拉"运动 / 208
5. "我迟早会回来的" / 211
6. 和平谈判 / 214
7. 礼节性拜访 / 217
8. 二十七年 / 220

第九章　从囚徒到总统

1. 因卡塔自由党 / 225
2. 愚蠢的阴谋 / 228
3. 联合政府 / 231
4. 诺贝尔荣光 / 234
5. 黑皮肤总统 / 236
6. 不老的爱情 / 238
7. 南非世界杯 / 240
8. 人人都爱曼德拉 / 243
9. 历史的巨人 / 245

后记 / 248

我把一生献给你
曼德拉传
NELSON ROLIHLAHLA MANDELA

第一章
理想与现实的边缘

1. 丢失了一头牛

菩提花开，无数向心合抱的花蕊仿佛在昭示着一种团结的力量。鲜艳的花瓣整齐地环列着，无形中怒放着美与尊严，俨然一个威风的王者，让人自心底生出一种"只可远观而不可亵玩"的敬畏感。

那是南非的国花，又名"帝王花"。

非洲大地，被赤道分成了两个部分，横跨南北半球。说到非洲，我们会想到神秘的金字塔，会想到蜿蜒的尼罗河，也会想到绵亘的撒哈拉沙漠与闪烁的钻石。

不过，当我们将目光聚焦在非洲大地的最南端，就会惊讶地发现，其实那里的传奇更是如星璀璨。

在那里，住着一位家喻户晓的老人。他从年轻时就投身于如火如荼的民族解放运动，将自己全部的年华都奉献给了这片热土。

这位万人敬仰的老人，就是被誉为"世界总统"的纳尔逊·罗利赫拉赫拉·曼德拉。

他胸怀宽广，慈爱的面庞给世人留下了深刻的印象。即使面对曾经伤害过他的人，也是以德报怨。1994年，曼德拉当选为南非总统，在就职典礼上所做的一件事曾震惊了整个世界。

就职仪式开始，曼德拉起身致辞，并介绍了来自世界各地的政要。他对接待这些尊贵的客人表示深感荣幸，之后又说道，让他最高兴的是当初他在罗本岛监狱时看守他的三名前狱方人员也能到场。这位年迈的老人缓缓起身，就像介绍所有尊贵的客人一样介绍了这三名前狱方人员，并向他们致敬。

那一刻，仿佛整个世界都安静下来。

曼德拉的宽宏大量让所有人肃然起敬，那些曾经虐待了他27年的白人更是惭愧得无地自容。海纳百川，有容乃大。曼德拉就是这样一个胸怀宽广的人，他带领南非人民走出种族歧视的火海，向着自由而宽广的天地迈步前进。只是，鲜花与掌声的背后，是许多不为人知的磨难与痛苦。

漫溯时光的轨迹，岁月的齿轮咬合在1910年。在利益的驱动下，大英帝国殖民者们将德兰士瓦、奥兰治、开普，以及纳塔尔四个殖民地合并成为南非联邦。于是这四个殖民地被侵略者们捆绑在一起，名义上虽是自治，但实际却成了侵略者的棋子。

只是，无论南非的灾难有多么严重，帝王花依然如火如荼地怒放，在尘埃里绽放骄傲，在骄傲里绽放坚强。

科萨族是恩戈尼族的一支，这个民族世世代代居住在南非东南部的大鱼河、凯伊河流域。他们勇敢而坚强，有着极强的自尊心。然而，新航路的开辟与资本主义的疯狂掠夺却给无辜的科萨人带来了巨大的灾难。

先是在17世纪到18世纪的两百年里，科萨族受到了以荷兰后裔为主的布尔人的入侵。不过，勇敢而顽强的科萨人凭着简陋的武器重创布尔人，将他们挡在了大鱼河西岸。而后是英国殖民者的入侵。19世纪末，英国殖民者占领了特兰斯凯地区，科萨人丧失了独立与自由的权利。

就是在这样的大背景下，曼德拉出生了。

1918年7月18日，一个普普通通的日子，因曼德拉的降生而有了非凡的意义。曼德拉降生在马迪拉家族，一个王室旁支的后裔。他的父亲恩科西·穆帕卡尼斯瓦·格达拉·曼德拉是当地的酋长，并且是当时王室的一名参事，曾经辅佐过两代国王。穆帕卡尼斯瓦看着这个新生的小生命，虽然欣喜而激动，但是他不得不为儿子的未来感到担忧。也许他觉得儿子来得有些不是时候，为他取名"罗利赫拉赫拉"，也就是"自讨麻烦的人"。

然而，就是这个"自讨麻烦的人"，在多年后成了举世瞩目的人物。他拯救了无数南非人，也成为了全世界的英雄。

生活平静如水，南非的草原一如既往地青翠欲滴。襁褓中的曼德拉在家人的宠溺中成长着。那样纯粹的时光，像一颗闪烁的流星，划过岁月的边缘。如果不是一场普通而非凡的变故，曼德拉也许将这样成长下去，无忧无虑地生活，成长，然后接任父亲的部落酋长职务，再波澜不惊地一天天老去。

一个平凡的日子，一位村民在穆帕卡尼斯瓦的管辖范围内丢了一头牛。找不到丢失的牛，这位村民将矛头指向了穆帕卡尼斯瓦，并将他告上了法庭。

穆帕卡尼斯瓦虽然是部落酋长，但是他不仅受到泰姆布王室的管制，还要受到入侵者——英国政府的管制。英国政府的行政长官得知村民丢了一头牛的事情后，立即写信让穆帕卡尼斯瓦亲自去见他，并对此事做出合理的解释。

这本是一个部落内部的事情，却受到外来者的干涉。如果穆帕卡尼斯瓦去见他，就意味着他向英国殖民者屈服了；如果不去，他势必会受到惩罚。穆帕卡尼斯瓦为了维护自己作为酋长与整个民族的尊严，他拒绝了行政长官的要求，并回复说："我不去！我还要继续战斗！"

英国行政长官收到回信后，看到穆帕卡尼斯瓦这样的态度，不禁愤怒不已，立即免去了他的酋长职务，而作为酋长所拥有的土地、牛羊等财产也都失去了。

穆帕卡尼斯瓦有四位妻子，在他被剥夺了部落酋长的职务后，四位妻子被安排住在了四个地方，而穆帕卡尼斯瓦则轮流在每个妻子那里住一周。

没有了生活来源，曼德拉的母亲范尼只好带着年幼的曼德拉回到了库努村。在那个小村子里，有许多娘家的亲戚，亲戚朋友的接济便成了他们主要的生活来源。

在库努村，小小的曼德拉度过了一段快乐的童年时光。虽然南非也有种植业，但是畜牧业更发达，也有着"天苍苍，野茫茫，风吹草低见牛羊"的美丽风景。幼年的曼德拉喜欢和小伙伴们在草原上牧牛，互相追逐游戏。蔚蓝的天空像一颗巨大的蓝宝石，镶嵌在那些遥远的岁月里。云卷云舒中，总是氤氲着欢笑的童声。

在曼德拉七岁那年，穆帕卡尼斯瓦的一位信奉基督教的朋友建议他将曼德拉送到学校里去读书，并称赞他的儿子非常聪明。

穆帕卡尼斯瓦并没有接受过系统而良好的教育，但他知道教育对于一个人一生的重要意义。他决定将曼德拉送到学校，让儿子接受教育。

开学的第一天，女老师问曼德拉叫什么名字。那时候他依然叫着父亲在他出生时取的名字"罗利赫拉赫拉"，平时，小伙伴们也是这样叫他的。这个名字并不正式，女老师为他取了新的名字：纳尔逊。

从此，纳尔逊·罗利赫拉赫拉·曼德拉这个名字正式写进了曼德拉的生命中。

只是，那时人们还没有意识到，这个不起眼的名字将会成为一个伟大的象征，将会作为一个光荣的记号，永远地刻在历史的功绩碑上。

2. 生活在王权下的少年

生命的神秘与美妙在于不可预见的未知，它使人在深陷痛苦时看见希望，也能使人在享受幸福时跌落不幸的深渊。曼德拉九岁那年，便不知不觉地走到了命运的拐角，等待他的，是新的路口，新的风景，新的人生。

当命运即将转航时，曼德拉生出一种朦胧的预感，他感觉到有些事情正在发生。父亲通常会轮流看望他的四位妻子，一个月左右会到库努村住上一个礼拜。以前父亲来时，经常是面带慈爱的微笑，且精神抖擞。

而这一次，曼德拉看见父亲时，父亲是仰面躺在母亲的房间里，目光浑浊无华，经常会一阵阵地咳嗽，他连续在房内躺了好几天，不动身也不讲话。曼德拉不知道，此时的父亲已经患了一种肺病。

曼德拉从未见过父亲这样衰弱，父亲伟岸的身影在他心中颓然倒下。他感到从未有过的无力与无助，一种悲伤在心头撞击，他隐约明白衰弱的父亲即将面对死亡。

死亡的气息步步紧逼，给一家人的心头都蒙上了灰色的哀伤。一天，随着夜幕降临，黑色完全吞噬大地，死神也将开始执行一场肃穆的死亡之礼。曼德拉的父亲病情加重，每一声咳嗽，就像是一声死神的催促。曼德拉和母亲，还有父亲的最小妇人娜达伊玛妮在一旁伺候。

折腾许久，父亲用喉咙摩擦出沙哑的声音，他想要吸烟。虽然这样一个要求对于肺病患者来说是非常糟糕的，但母亲还是满足了父亲的愿望。

父亲抽上了烟，逐渐平静了，他生命最后的光阴，就这样在烟雾中度过。直到他没有呼吸，烟袋里还冒着烟，他的灵魂，仿佛是随着烟雾，缥缈地飞上了天空，从此消失在曼德拉的生活里，消失在这个世界里。

曼德拉的生命中从未经历过如此深刻的悲痛。虽然母亲是他生活的核心，但是他却从来没有想过他的生活中会失去父亲。更不会想到，父亲的离世将改变他的一生。

情感的裂痕要远比皮肤的伤口痛楚万分，很长一段时间里，曼德拉心中回荡着一种哀伤，久久难以愈合，只有真正亲历过至亲离去的人才能懂得那种锥心泣血的痛，而一个消息，为他的这段生活强制性地画上了句号。

一天，母亲告诉曼德拉，他将要离开库努。当时的曼德拉似乎还没有从父亲离世的悲痛中醒来，他平静而木讷地接受了这个消息，他没有问为什么，也没有问他将要到哪里去，只听从母亲的安排，在不久后的清晨，带上简单的行李，踏上未知的旅途。

在离开库努的时候，曼德拉的心中多了一种忧愁，父亲离去的悲痛还未散去，离开故土的感伤又漫上了心头。当那些他曾经漫步过的山丘从视线里消失时，他回过头寻找着村庄的模样，饱含深情地回忆着简陋的房屋，辛勤劳作的村民们，那一湾他曾经嬉戏过的溪水，还有那微风吹过交头接耳的大片青草地，健壮的牛羊在悠然自得地啃食青草，曼德拉不禁回味起了直接从牛乳吸食牛奶的甜香……尤其，当他的目光凝聚到他曾经生活过的那三座茅草屋上，乡愁彻底在心底翻腾起来。曼德拉甚至心中萌生悔意，有些悔恨在失去后才想到没有好好亲近与珍惜这一切。而对于那个未知的未来，他觉得无法同身后的故乡相比。

带着满心的迷惑，他随同母亲艰辛地向远方跋涉，虽然这一路上母子间并无太多言语，但是曼德拉能够从母亲的每一个眼神、每一个动作中看到浓浓的爱与支持，这也是他毅然走下去的一个理由。

他们走过尘土飞扬的道路，越过陌生的连绵起伏的山峦，又经过无数个村庄，在傍晚时分，终于到了目的地。

这是一个美丽的村庄，绿树相合，青山环绕。村庄中间有一座宏伟的宫殿，这是曼德拉从未见过的。在映入眼帘的一瞬间，他的心就被那份宏伟和庄严震慑住了。

气派的房子，宽阔的菜地，飘香的果园，大群的牛羊……这里的一切展示着富庶和井然有序，曼德拉的感官不时地接受着刺激。听了母亲的介绍，他才知道这宫殿叫穆克孜韦尼，是当时泰姆布的代理摄政王荣欣塔巴·达林迪叶波的王宫。从前，宫殿只在童话和传说里听到过，如今却真实地屹立在眼前，他一时间难以抑制心中的惊喜。

很快，曼德拉见到了摄政王荣欣塔巴，他一身华服，体格健壮。曼德拉一眼就看出了他是一位自信满满的掌权者，正如他名字所蕴含的意义"雄视群山"一样。后来曼德拉才知道，这个人就是在今后的十年里抚养他的监护人。更是在很久以后，曼德拉才知道是父亲快要去世前，荣欣塔巴基于当年在穆帕卡尼斯瓦的帮助下，取得至高无上的代理王权这样的原因，所以提出要当曼德拉的监护人。而母亲知道，在摄政王的呵护下，曼德拉会得到更好的教育，更好的未来，所以曼德拉的人生才有了这样一次王宫之行。

突如其来的一切使曼德拉陷入了一种难以名状的敬畏与惶惑。他曾经幻想过成为一名棍战冠军，那是到这以前他最伟大的梦想。而现在时来运转，一个崭新而富庶的世界出现在曼德拉的眼前，曾经的信仰开始慢慢瓦解，他意识到这可能会带给他更好的前程。一个不可估量的闪光的未来在等待着他。

母亲在王宫住了两天就回库努了。没有吻别，没有训诫，只是简单地说了一句：振作起来，我的孩子！之后就转身离开了。而曼德拉却懂得，母亲这样看似漫不经心的离别其实是不想让他为分离而伤心。

毕竟还是一个孩子，新鲜与欢喜很快冲淡离别的感伤。曼德拉穿上了美丽的衣裳，并快速地适应了王宫里的日常生活。

对于曼德拉来说，这里就是一个童话般的世界，有着一切超乎他想象的奇幻与美好。他可以尽情地扮演各种角色：农夫、车夫、牧童……和别的男孩一起游戏，聆听少女如夜莺般婉转的歌声。他时时刻刻都为这样一个世界而着迷。

一种精彩而崭新的人生，飞舞在曼德拉这一段生命里。他偶尔会想起库努的母亲，更多的时候则是享受当下的兴奋，还有思考在明日的期待里，又会发生怎样的故事？

3. 科萨民族的花朵正在枯萎

黑暗的夜空，北极星静静地躺在那里，它似乎知道如何度过孤单的夜晚……

在王宫中，曼德拉接触到了许多以前从未见过的事物。然而，吸引他的不是富丽堂皇的建筑，也不是锦衣玉食的生活，而是国家政事。

摄政王总是要召集许多参事、酋长等到王宫中召开各种各样的会议，互相商讨国家大事。小小的曼德拉对大人们口中的事情产生了浓厚的兴趣，总是喜欢悄悄溜进去听一听，然而又总是被大人们轰出去，怕这个小鬼会捣乱。

第一章　理想与现实的边缘

为了能听到更多的事情，小曼德拉便为商谈的人们送水倒茶，这个勤快的小身影很快赢得了人们的好感，便也默许了他的旁听。

从大人口中，曼德拉了解到了许多自己国家和民族的事情。这份对政治的关心与热爱，为曼德拉日后追求自由与独立的漫漫长路铺下了基础。

曼德拉陪同摄政王荣欣塔巴的儿子贾斯提斯读书，类似于中国古代的太子侍读。摄政王夫妇对曼德拉视如己出，待遇和贾斯提斯完全一样。两个孩子吃同样的食物，穿同样的衣服，干同样的活。他们很快成了要好的朋友，形影不离。

成长的脚步让曼德拉渐渐长大、成熟。然而，南非的男孩子想要彻底成长为一个真正的男子汉，还必须跨越一道痛苦而又充满了诱惑的门槛——割礼（即割去男性生殖器多余的包皮）。

在非洲很多国家，割礼都非常盛行。在南非，一个男孩子如果没有经过割礼，那就不是真正的男人，而且还会被剥夺继承父亲财产的权利，也不能结婚。最重要的是，不经过割礼，就会被人们耻笑为"懦夫"。

在曼德拉16岁的时候，摄政王安排他和贾斯提斯一起进行割礼，另外还有一些年龄相仿的少年。

对于这个神圣而庄严的事情，曼德拉和许多同龄少年一样充满了期待。经过割礼，就意味着他们已经成年，可以结婚，可以参加部落会议，也可以选举酋长。他们的心中充满了对成年的向往，就像每个人在小时候都特别希望自己快快长大一样。

割礼分成三个阶段。第一阶段是自由活动，也就是让接受割礼的人离开家，带好长矛和盾牌，在大自然中打猎觅食，餐风饮露。这是一个向未成年时代告别的阶段，经受过这番考验后，就是割礼的进行，也就是第二阶段。而第三阶段，接受割礼的人要在小茅屋待上几天，等待伤口愈合。这期间，不允许他们出去，只允许送饭的人过来。只有在晚上，他们才可以出去散散步，而且脸上还要擦上白粉，以免被熟人认出来。

科萨人很重视割礼。为了庆祝少年们长大成人，他们会大摆筵席，载歌载舞。割礼仪式一般在清晨进行，等待割礼的少年们在黎明时分洗好身体，然后排队等候。

看着大家一个个走进割礼的帐篷，然后又一个个走出来，曼德拉心中满是紧张与激动。当他看到一个行过割礼的人从帐篷中走出来后痛苦地跪在地上，他不禁浑身颤栗。

但在曼德拉身上有着父亲的不屈不挠的品质，更有着科萨人的勇敢与坚强。终于到了曼德拉。经验丰富的割礼专家非常麻利地为他完成了这项神圣的礼仪，钻心的疼痛传来，曼德拉愣了几秒才回过神来，赶紧大喊了一声"我是男子汉"。

这也是割礼的一个习俗。曼德拉为自己没有及时喊出这句话而感到羞愧，甚至觉得自己没有成为真正的男子汉。不过，闯过了这一关，曼德拉还是非常兴奋的，因为迎接他的，将是崭新的成人时光。

洗净身体后，曼德拉身上涂上了红色的赭石粉。按照传统，这些赭石粉应该由一个即将成为他的新娘的女子擦掉，但是当时的曼德拉还没有属于自己的女人，赭石粉便只能由自己擦掉了。

完成了割礼，曼德拉心中充满了激动与欣喜。然而，紧随其后的梅里格力酋长的演说却如一枚钢针深深地刺痛了他的心。

梅里格力酋长先是以温和的语调讲述了应如何继承自己国家的传统，然后，语气渐渐转为严肃，甚至是愤怒。他说到了自己民族被外来民族侵略、奴役的现实："我们不是我们国家的主人，而是外来统治者的奴隶。""我们没有自由，没有权利，甚至不能支配自己的命运。我们就像畜生一样，只有本能地服从，服从，还是服从……"

义愤填膺的演讲，让曼德拉震惊了。少不更事的他没有意识到白人对他们的迫害，甚至认为酋长没有顾及到白人为他们国家带来的好处，这样诽谤白人是忘恩负义的行为。

梅里格力酋长说："我相信，上帝会看到这些被压迫的人民的苦难。上帝从来都不睡觉，或许此刻他正在打盹。如果可以，我愿意用我的生命去唤醒上帝，告诉他，科萨民族的花朵们正在枯萎。"

科萨民族的花朵，正是那些刚刚接受过割礼的少年们。

这一番激情澎湃的演讲，让少年们不解，甚至有些愤怒。他们的想法和曼德拉一样，认为白人是给他们带来文明与幸福的。

也许正是少年们这样的精神状态，梅里格力酋长才会觉得科萨民族的花朵们正在枯萎。他想要用生命唤醒的，其实不是上帝，而是这些充满了希望与力量的少年们。

虽然，当时的曼德拉对这些话不理解，但是他还是牢牢地记住了。在以后的岁月中，他将这些话一字一句地理解了。他说，我知道，那天我并不是一个真正意义上的成年人，真正成为成年人还需要很多年。

梅里格力的讲演非常成功，至少，他让曼德拉第一次产生了对白人的质疑，公平与正义的种子，在他的心底正一点点发着芽。

4. 洗脑式教育

阳光照耀在南非碧绿的原野上，牛羊安闲，如云朵一般游走在绿色的"天空"。

经过割礼的少年们，就已经是成年的男子汉了。他们要承担起作为一个男人的责任，娶个心爱的姑娘为妻子，然后开始养家糊口，大多数是去白人开的矿井、工厂等处打工赚钱。而曼德拉却与其他少年们不同，他并没有考虑自己的婚姻问题，而是选择继续完成自己的学业。

曼德拉的请求得到了部落长老们和摄政王的批准。没多久，他就和摄政王的儿子贾斯提斯一起被送到了恩科波的克拉基博雷寄宿学校。

从1934年到1937年，曼德拉接受了大致相当于初中的知识。1937年，摄政王又送曼德拉和贾斯提斯到希尔德顿的波福特堡市的魏斯勒阳学院进行深造。

这所白人开办的学校完全是英国模式的教学，拥有博士学位的校长据说是英国历史上伟大的英雄威灵顿公爵的后裔。在开学典礼上，校长这样说："我是伟大的贵族、大将军威灵顿公爵的后代。他在滑铁卢击败了法国人拿破仑，从而拯救了欧洲的文明，同时，也为了你们土著。"

其实，威灵顿公爵打败拿破仑，与南非又有什么关系呢！然而，这样荒唐的言论，竟真的让那些黑皮肤的南非人顶礼膜拜。

虽然这是一所很好的学校，教学质量很高，而且学校管理也非常严格，但是，在这所由英国人出资建设的学校里，他们接受的知识都是洗脑式的教育。他们被灌输着这样的思想：英国白人一切的东西都是最好的，他们是最高贵的。

白人是黑人的榜样，学校教他们立志做一个"黑色的英国人"。而被愚弄的黑人学生，也把做一个"黑色的英国人"当成自己的目标，如果能与那些金发碧眼的白人说上一句话，或者握个手，他们都会高兴许久。

洗去一个民族的文化，向他们宣扬另一种文化，这是对这个民族的扼杀。

这样的现象，在殖民者对殖民地疯狂掠夺的时候是常见的方式，几乎每个被殖民的民族，都曾遭遇这样的侮辱。他们被强制性地要求不允许学自己民族的语言，而要学入侵者的语言。他们被要求永远地忘掉自己从何处来，忘掉自己的先祖是谁。如果不按照要求去做，那么等待他们的便是血淋淋的刀锋和枪弹。

这样洗脑式的教育，在南非愚弄了许多黑人，尤其是世界观、人生观正在形成的学生们。他们甚至会为自己的黑色皮肤而感到羞耻，对白人的一切都充满了无限的向往与崇拜。

洗脑式的教育，让他们正在形成的世界观与人生观发生了扭曲。英国殖民者的侵略，反而让他们觉得那是一种拯救。如果对那些拥有贵族血统的白人表示怀疑，那就是一种极端的亵渎。

如果一个民族的斗志被洗掉了，那么就只剩下服从与妥协了。在后来的日子里，校长威灵顿博士也总是把开学典礼上的那些话搬出来，以此标榜自己的贵族身份。

在校园里，学生们被培养成温顺的任人宰割的绵羊，洗脑式的教育让他们的斗志尘封起来。这样的教育让他们相信最好的思想是英国人的思想，最好的政府是英国政府，最好的人是英国人。

然而，无论这种洗脑式教育组织得如何天衣无缝，南非还是有着很多清醒的人。他们永远都会记得白人带给他们的迫害和屈辱，让他们失去了最宝贵的自由与独立。

在这所学校的最后一年里，著名的科萨诗人克鲁恩·姆卡伊到学校访问。学校宣布放假一天，所有师生在食堂里听姆卡伊演讲。

姆卡伊穿着科萨人的传统服装，和威灵顿博士一起走了进来。虽然当时有许多白人在场，但是姆卡伊毫无顾忌地陈述了自己对白人入侵的不满。他义愤填膺地说："我们不能容许这些对我们文化漠不关心的外国人接管我们的国家。我预言，非洲社会的各种力量将取得一场反对侵略者的伟大胜利。"

曼德拉震惊了，在场的所有人，所有的黑人与白人，都震惊了。

那一刻，仿佛整个宇宙被翻转过来，白人的神圣形象仿佛被攻击得体无完肤。科萨人沉睡的灵魂一点点醒来，拥有黑皮肤的人们忽然感到了作为科萨人的光荣，而不是耻辱。

原来，肤色并不能代表一个人的地位。因为每一个人，都是生而平等的。

白人的美好形象，在曼德拉心中再次遭遇了挑战。年轻的他虽然深受洗脑教育的毒害，但是心中正义的天秤始终不曾偏移。不过，这份质疑还没有人能给他确切的答案，所有的一切，都只能在摸索中前进。

曼德拉学习很刻苦，成绩也非常优秀。1938年，曼德拉以优异的成绩考入当时南非黑人的最高学府福特哈尔大学。对于曼德拉来说，这是有着重要意义的一年。而对于世界来说，1938年，正是战火纷飞的一年。第二次世界大战的枪声打碎了人们宁静的生活，无数的城市一片狼藉，数不清的无辜人尸陈遍野。

但是，一直和曼德拉形影不离的好兄弟贾斯提斯却落榜了。不过，摄政王荣欣塔巴并没有把关注的焦点放在落榜的儿子身上，而是为曼德拉的成功兴奋不已，还带着19岁的曼德拉去裁缝那里做了一套西服。

福特哈尔大学由苏格兰传教士在1916年建立，虽然规模较小，却闻名遐迩。学校只有150名学生，能成为这些学生中的一员，是非常不容易的。在这所学校中，走出了很多南非黑人中的精英，人们以进入这所学校为荣。

从此，曼德拉面临的将是另一片崭新的天地。新的生活，新的希望，当然，也有未知的新的磨难。无论风雨还是阳光，曼德拉都做好了充分的准备。前路漫漫，越是未知，越是充满着无限的诱惑。

5. 走出福特哈尔大学

校园是梦想的发祥地，是让一个人的心灵生长出翅膀的地方。心有多宽广，这双翅膀就会带着你飞多远。

在福特哈尔大学，曼德拉攻读文学学士学位。不过，曼德拉所关注的焦点并不完全局限在自己的专业上，他对人类学、法学、政治学等学科都非常感兴趣，经常阅读相关书籍。对于政治，他早就产生了浓厚的兴趣，他喜欢法学，甚至希望自己能够成为一名律师。攻读文学，是基于要读法律系必须拥有文学学士学位的原因。

随着视野的不断开阔，曼德拉已经渐渐意识到南非普遍存在的种族主义的严重性。目睹了白人对黑人的压迫，也渐渐让他懂得了完成割礼后梅里格力酋长演讲中的含义。他要争取生存和发展的空间，不仅是为拥有着黑皮肤的自己，更是为南非所有的黑人。而法律这门学科，对他的事业将会有很大的帮助。

在大学里，曼德拉学习依然很刻苦，除了成绩优秀外，他还结识了很多好朋友。他经常参加各种各样的社会活动，视野更加开阔。整个世界仿佛都在向他张开宽广的怀抱，容纳着他极强的好奇心与求知欲。

福特哈尔大学虽然是闻名遐迩的学校，但是高年级学生欺侮低年级学生也是一个公开的秘密，大家也都默许了这个"规矩"的存在。

然而曼德拉不会接受这个规矩。初到学校，他并没有谄媚地奉承高年级学长们，而是以一种平等的姿态同他们站在一起。

学校的宿舍管理委员会是学生的自治机构，是由高年级学生控制的。新生虽然不少，但是在宿舍管理委员会中一直没有新生代表。曼德拉觉得这样不公平，便动员全体新生参加选举。作为参选人的曼德拉，击败了高年级学生成功入选。

高年级学生对这个选举结果并不服从，他们代表学监，给曼德拉施加压力，让他自动退出宿管会。

曼德拉并没有畏惧，他对学监说，如果不尊重选举结果，所有新生都将退出这一委员会。高年级学生和学监没有办法，只能屈服了。

曼德拉喜欢运动，经常锻炼身体。在一次踢足球的时候，他结识了在后来的民族解放运动中与他生死与共的患难挚友奥立弗·坦博。

凯泽·马坦齐马也是曼德拉在学校结识的一位好朋友。马坦齐马很钦佩曼德拉，虽然他要比曼德拉大三岁。马坦齐马这样评价曼德拉："不管曼德拉说什么，他总是经过深思熟虑的，是值得一听的。"从那时候起，他就相信曼德拉一定会大有作为。他的这份信任，果然没有落空。

大学生活美好而难忘。每逢周末，一群志同道合的年轻人便总要聚在一起，去野餐或参加舞会。每一个片段，都被"大学"这两个字涂上了灿烂的金色，写下隽永而深刻的回忆。

一切都在情理之中一点点铺陈开来。如果没有意外的话，曼德拉会顺理成章地毕业，或者继续攻读法律，成为律师，或者结婚生子，辅佐摄政王，一生过着衣食无忧的生活。

然而，意外还是发生了。

就在曼德拉马上就要进入最后一个学年拿到毕业证的时候，也就是1940年，他与校方发生了一场改变他命运的冲突。

因为当时学校食堂伙食、生活条件等较差，学生们纷纷表示不满。为了控制局面，校方极力削减学生代表委员会的权力，这再度引起了学生的抗议。曼德拉一直站在同学们这一边，支持大家的行动。

学校组织学生代表委员会的选举，但是这个委员会早已经成了校方的傀儡，并没有多大权力，甚至要为校方控制，很不自由。学生要求增加委员会的独立性，遭到校方反对。校方动员了学校六分之一的人投票，结果曼德拉与另外五名同学当选了。

很显然，这样的结果，合法性是遭到质疑的，六个人联名向校方递交了辞职信。校方得知后，重新召集了学生，再次选举学生代表委员会会员。所有的学生都被强制性地叫到投票现场，但是大家对这个"傀儡组织"已经非常反感，很多人都放弃了投票，投票者也都是消极投票的。尽管如此，曼德拉还是再次当选。

校方强制要求当选者入职，曼德拉却坚决不同意，他不愿意为了校方而背弃同学。

曼德拉的态度惹恼了校方。本来很器重他的校长克尔博士更是感到愤怒与失望。他把曼德拉叫到办公室，让他要么接受职位，要么被学校开除。他给曼德拉一天的时间考虑，让他第二天给出确切的答复。

走出校长办公室，曼德拉的心里矛盾极了。一面是自己付出辛苦即将得到的学位，一面是自己要好的同学。曼德拉在取舍的路口艰难踌躇着，最后，他还是决定放弃学位。人生的路上，总是要面临着各种各样的选择。鱼和熊掌不能兼得，我们总要舍掉一些东西，才能得到一些东西。

当校长得到这个答复时，是非常吃惊的。不过，他还是希望曼德拉能够认真考虑一下。他又给了曼德拉一个暑假的思考时间，如果还是不愿意接受职位，开学就不用去了。

已经不需要那么长时间的考虑，曼德拉早在彻夜辗转中下了决心。当他提着行李走出福特哈尔大学的时候，就像一个被遗弃的孩子一样，喧哗的世界，一下变得那么安静。

6. 逃　　婚

人就像藤萝，他的生存靠别的东西支持，他拥抱别人，也从拥抱中得到了力量。

命运的轮转在一点点展露真实的本色。曼德拉的人生轨迹，离最初的"理所当然"越来越远，反而偏向了"竟然"的行列。

这是曼德拉与众不同的命运，他的漫漫自由路正在一点点开启。

回到王宫后，曼德拉将这件事告诉了荣欣塔巴。得知曼德拉竟然和校方对抗，荣欣塔巴又惊又气，他要求曼德拉听从校长的安排，并好好认错。

然而，曼德拉并没有觉得自己错。他觉得自己只是在行使自己拥有的权利，为同学争取该有的利益，这是应该的。

荣欣塔巴无法说服倔强的曼德拉，继而把目光转移到了曼德拉和贾斯提斯的终身大事上。他自作主张为两个孩子各自挑选了一个姑娘，并安排他们趁着暑假和新年到来完婚。

这种家族的包办婚姻，几乎在世界每个角落都曾经存在，有的地方今天甚至依然存在。夫妻二人在毫无感情基础的状态下被家长安排完婚，直到洞房花烛夜，才能见到对方的容貌，无论是否喜欢，木已成舟，彼此都要接受。

第一章　理想与现实的边缘

曼德拉和贾斯提斯都很反对这份强加于身的婚姻，但是他们又无可奈何。他们知道，就算他们反抗，也不会有人支持。

贾斯提斯将要迎娶的是泰姆布贵族安卡里巴的女儿，曼德拉将要迎娶的是泰姆布牧师的女儿。在外人看来门当户对的婚姻，曼德拉和贾斯提斯却是发自内心地反感，眼看着婚期越来越近，两个人也越来越着急。

两颗年轻的心，还不想被婚姻过早地束缚。更何况，接受了良好教育的他们对包办婚姻憎恶不已。

摄政王说出的话从来不会收回。曼德拉曾经请求王后帮忙说情，摄政王还是不改初衷。

能够摆脱强制婚姻的办法，只有逃走。

然而摄政王又盯得很紧，兄弟两人很难在摄政王的眼皮子底下溜出王宫去。正巧，摄政王要去特兰斯凯参加立法大会，兄弟俩立即找到了可乘之机。

荣欣塔巴仿佛察觉了这两个爱捣蛋的孩子会出逃似的，刚刚离开后又折了回来，并仔细地查看了一番，才又离开。

摄政王前脚刚走，曼德拉和贾斯提斯两人后脚就跟着逃出了王宫。

因为没有钱，他们只好偷偷地卖掉了荣欣塔巴的两头牛。拿到钱之后，两人兴冲冲地赶到火车站，准备买票去约翰内斯堡。然而，售票员却告诉他们，"你们的父亲已经来过，他说你们想跑，告诉我们不要将车票卖给你们。"

两颗充满了火一样希望的心被当头浇了一盆冷水。

这一站买不到票，他们只好去下一站试一试。两个人叫了一辆车，将他们送到了下一个车站。费了一番周折后，他们终于买到了票。只是，这列火车只到昆士兰。

在当时，年满 16 周岁的南非黑人需要办理"当地人通行证"，证上记录着黑人的详细信息，相当于他们的身份证。如果见到白人、长官等，都要出示这个证件。如果没有这个证件，就会被逮捕或者送上法庭。如果要出行的话，还要办理"旅游通行证"，并且必须由自己的监护人或者老板签字才有效。

他们硬着头皮来到昆士兰后，正好遇到了荣欣塔巴的兄弟姆蓬多姆比尼酋长。曼德拉两个人随便编了一些谎话，骗过了姆蓬多姆比尼，并请他帮忙办"旅游通行证"。姆蓬多姆比尼很喜欢曼德拉和贾斯提斯，爽快地答应了两个人的请求。姆蓬多姆比尼曾在土著事务部做翻译，和地方行政官员都比较熟悉。于是一路由他带领着，昆士兰行政长官很快就给他们办好了"旅游通行证"。

然而，事情并没有如此顺利。就在行政长官要把证件交给他们的时候，他忽然想到这是乌姆塔塔行政长官管辖范围的事，立即拨电话告诉了乌姆塔塔行政长官。在他拨电话的时候，曼德拉两人就已经有一种不祥的预感。果然，乌姆塔塔行政长官接到电话后说道："啊，他们的父亲正在我这儿！"

摄政王几乎火冒三丈，立即告诉昆士兰行政长官："把两个家伙给我抓回来！"

虽然电话并没有在曼德拉和贾斯提斯两人耳边，但是摄政王那气势汹汹的声音还是让他们感到一阵阵的颤栗。就在行政长官准备逮捕他们的时候，曼德拉用自己在学校学到的有限的法律知识为自己辩解起来："不错，我们确实撒了谎，欺骗了您，但我们没有违反任何法令。您不能仅仅根据一个酋长的建议就随意逮捕我们。"

最后，行政长官没有逮捕他们，不过非常不客气地将他们赶出了办公室。

这已经算是很幸运了。

两个人漫无目的地游走在昆士兰的街头，贾斯提斯忽然想到了住在这里的一个朋友。他们很快找到了这个人，并得知有一位白人老太太要开车去约翰内斯堡。两个人都很兴奋，准备搭车。但是带他们过去，是要冒很大风险的，这是"偷渡"行为，所以，白人老太太向他们索要很多车费作为报酬。几乎是上天无路、入地无门的曼德拉和贾斯提斯只好答应了要求，他们拿出了身上所有的钱给这个白人老太太。因为在白人的车上，他们会顺利一些，不会遇到什么麻烦。

仅仅是肤色的不同，却让黑人与白人的待遇出现了天壤之别。

几经周折，他们到了约翰内斯堡。

逃婚，只是曼德拉追求自由与独立的开始。曼德拉永远不会乖乖地听从他人的安排，在他的心里，只有正义和真理才是永恒的方向。如果不是这一场逃离，也许他会一生过着锦衣玉食的生活，没有苦难，也不会遭遇牢狱之灾。当然，曼德拉这个名字也不会响彻世界。

7. 误打误撞律师路

繁华的都市，就像一朵盛开的帝王花，在纤尘里摇曳生姿。

约翰内斯堡可以说是一座建在金矿上的城市。因为大量黄金的开采，这座城市建设得非常繁华。不过，繁华的背后，洒满了无数黑人的血泪。他们在金矿上挥着汗水，干着最重最累的活，却拿着最微薄的薪酬。

都市的繁华让曼德拉和贾斯提斯这两个涉世未深的年轻人兴奋不已。这是他们长途跋涉的终点站，不过，也是新生活的一个起点。

曼德拉知道，"未来还将会有更多的苦难用难以想象的方式等待着我。"

为了维持生计，两个年轻人开始找工作。在金矿上找活是比较容易的，很多进城打工的年轻人首选的工作都是去金矿上工作。

他们找到了克朗金矿，当金矿矿主皮利索得知贾斯提斯是摄政王的儿子后，非常高兴地接纳了他们。他们的工作比较轻松，贾斯提斯被安排在一个管理职位上，曼德拉则成了矿上的保安。

人们对贾斯提斯非常尊重，并经常讨好地送他一些礼物，曼德拉也沾了光。被大家捧得有些飘飘然的两个年轻人，渐渐失去了警惕之心，他们甚至炫耀起自己是如何从摄政王那里一路逃过来的。虽然他们一再叮嘱矿友千万别说出去，但还是有人向矿主透露了这个秘密。或许是出于对这两个年轻人的嫉妒，或许是出于对矿主的谄媚，总之结果是一样的。

矿主皮利索知道后气愤极了。他联系了摄政王，并在矿工中集资为两个"小骗子"买了火车票，坚决要把他们送回去。

曼德拉和贾斯提斯当然不会听从皮利索的安排。贾斯提斯据理力争："你只是我们的雇主，没有权力为我们做主。"虽然他们没有被强制送回家，但还是被毫不客气地赶出了金矿。

为了能再找到一份工作，两个年轻人又找到了摄政王的另外一位朋友埃克苏玛医生，也是当时非洲人国民大会的主席。埃克苏玛很热情，并找人帮忙介绍工作。

埃克苏玛医生找到了专门负责矿工招工的威尔比拉伍德先生，而威尔比拉伍德先生给他们介绍的工作，正是在皮利索的克朗金矿。

虽然曼德拉和贾斯提斯两个人都感到意外，但他们认为既然有了威尔比拉伍德先生的介绍信，皮利索还是会给他们一份工作的。

然而，他们的想法太天真了。当皮利索看到这两个年轻人又回来时，立即非常不客气地问道："你们这些小骗子还来干什么？"

当两个人拿出威尔比拉伍德先生的介绍信，并说明来意后，皮利索根本不给面子，更加不客气地将他们赶走。

没有工作，也没有住处，两个有家难归的年轻人游走在这座繁华城市的街头，只是所有的繁华与他们无关。两个人拖着沉重的行李漫无目的地游荡着。

贾斯提斯决定先一个人去找住处，让曼德拉随后和他碰面。他们的朋友比吉萨帮曼德拉提着行李，朋友之间彼此帮助，这本是很正常的事情。然而，在经过大门的时候，却发生一个意外。

在保安对比吉萨所提的行李进行检查的时候，里面竟然查出一把手枪。这是违法物品，保安立即吹响口哨，召集所有保安将比吉萨带到警察局。朋友为自己被抓，曼德拉也很着急。他找到警察，说明手枪是父亲留给自己的遗物，带着只是做防身之用的，并说明自己是福特哈尔大学的学生。这所学校的名气是闻名遐迩的，警察得知后，才决定释放比吉萨。

不过，曼德拉违法私藏手枪是必须要送上法庭的。他的态度很谦谨，警察没有惩罚他，只是给予了警告。

第一次走上法庭，曼德拉受到了很深的触动。他意识到作为一名律师是一件重要而神圣的事情，对政治的兴趣，也越来越浓厚起来。

然而，他的大学学业并没有完成，连毕业证都没有拿到，想要当律师简直比登天还难。他找到了在约翰内斯堡郊区做小商贩的一位堂哥，并告诉了他自己的理想。这位堂哥对曼德拉很热情并敬重，一个读过大学的人，在家族中往往是很受敬重的。

这位堂哥带曼德拉见了一位非常重要的人物，也是将会影响曼德拉一生的一个人物——沃尔特·西苏鲁。

沃尔特·西苏鲁是南非著名的反种族隔离的政治家，也是非洲人国民大会领导人。他将会引导着曼德拉，一步步走向政治的航线，成为曼德拉一生中最重要的引路人。

西苏鲁介绍曼德拉去了一个名叫"威特金-希戴尔斯基-爱戴尔曼"的三人合开的律师事务所当学徒，每个月只有四英镑的薪水。

曼德拉虽然没有修完在福特哈尔大学的学业，但是可以注册南非法学的函授学生，将剩余的学分修完，就可以得到学士学位。等他拿到了学士学位，就可以攻读律师了。

梦想在一点一滴地凝结着，曼德拉的律师梦在这座繁华的都市里悄悄生长着，绽放着。怀揣着对未来的信心与希望，曼德拉满腔热忱地投入到手里的工作中。

8. 爱情是这样的

碧草空灵，飞鸟衔起岁月，消失在茫茫世界里。大都市的繁华，就像一张安静的喧嚣油画，无论高低贵贱，无论贫富美丑，都在这画面中一览无余。

对梦想的追求，让曼德拉每天都充满着希望与无尽的动力。梦想的支撑，让他坚强而勇敢地在困苦的生活中挣扎着，挑战着。

当学徒只有极少的薪水，但是曼德拉没有自怨自艾。每天，他都认认真真地做好自己的工作。在那少得可怜的薪水里，他既要拿出一部分用作生活之资，又要留出一些用作攻读学位之用。为了能节省一点车费，他每天跑步九公里去上班。那条漫长的上班路，仿佛也是通往梦想殿堂的路。每一次奔跑，都会离梦想近一些，再近一些。

第一章　理想与现实的边缘

曼德拉的生活就像一捧干燥的尘土，紧张与磨砺总是充斥其中。或许是这样的生活太过单调，或许是冥冥之中的命中注定，爱神眷顾了这个斗志昂扬的年轻人。

有一次，曼德拉遇见了希尔德顿学院的校友爱伦，而那时的她已经是亚历山大一所学校的老师了。其实，他们在希尔德顿学院学习的时候，彼此并没有什么印象，只是认识而已。不过，当他们再一次邂逅，两个人却成了很熟识的人。

或许是因为诸多共同的话题，或许是两个人各自的特质对彼此的吸引，或许本来就是命定的爱情，曼德拉和爱伦很快相爱了。

因为工作繁忙，这对甜蜜的恋人并没有时间经常在一起。即使在一起，身边也总是有很多人。恋人是不喜欢被别人打扰的，为了能拥有一个安静自在的空间，曼德拉便带着心爱的姑娘去露天广场旁边的草地或者小山丘上散步。有时候，他们还会来一次浪漫而温馨的野炊。

爱伦是斯威士人，而曼德拉是科萨人。在那个年代的南非，门户观念根深蒂固。朋友们都觉得曼德拉应该找一个科萨姑娘，而不是斯威士姑娘。然而，曼德拉却并不在乎。在他眼中，爱情是没有界限的，无论是民族差别，还是贫富，都不能阻挡爱情的洪流。

甜蜜的爱情让曼德拉对生活更加充满了信心与希望。爱伦以女性特有的细腻与温柔给了曼德拉一种家的感觉，那份久违的温馨与幸福，让他的整颗心都装满了甜蜜，整个人都充满了生活的动力。

然而，这份甜蜜的爱情仅仅持续了几个月，爱伦就突然告诉曼德拉，她要搬家了。

没有预兆，也没有理由，爱伦就这样从曼德拉的世界消失了。她搬家后，曼德拉再也没能联系上她。曾经的幸福与甜蜜，就像一颗闪烁的流星，转眼消失不见。

多少爱情，被多少荒唐的理由一刀斩断。滚滚红尘中的故事，没有人能说得清来龙去脉，也没有人能预料以后的行程。每一份甜蜜的爱情，都充满着太多的未知。没有人知道，哪一句不经意的再见就会一不小心成为永别。

爱伦离开后，曼德拉还曾经有过一段暗恋的经历。

房东有一个女儿叫做蒂迪，漂亮而又可爱。她在白人区做仆人，很少回家。而每次回来，她的身边总是会有一个小伙子陪着。有时候，小伙子还会开着汽车，很是气派。穷困潦倒的曼德拉在这位漂亮女孩面前总是有些自惭形秽，而蒂迪对这个穷小子也是不屑一顾。

曼德拉希望能够向蒂迪告白，但是又害怕遭到拒绝。很多美好的东西，一旦说破了，美好也往往戛然而止。那一份朦胧的美，总是隽永而绵长的。

在蒂迪家住了一年多，曼德拉还是没有勇气向蒂迪告白。那份甜蜜的迷恋，成了永远的遗憾，深深地埋进了曼德拉的心底。

没想到几年之后，一个挺着大肚子的女人和她的母亲来到了曼德拉所在的律师事务所，这个女人，竟然就是曼德拉曾经迷恋的蒂迪。

她们是来请求帮助的。蒂迪怀孕后，她的男朋友又不愿意和她结婚，曾经自以为美满的爱情，最终竟要对簿公堂。蒂迪的脸上，已经没有了曾经的天真与红润，憔悴的容颜，让曼德拉惊讶不已。

最终，蒂迪没有起诉男友。她和母亲一起离开了律师事务所，渐渐消失在人海中，也永远地消失在了曼德拉的世界中。从那以后，他再也没有见过蒂迪。曾经梦幻一般的迷恋，也在心底一点点尘封起来。

9. 竟是永别

爱情的花开到荼靡，人生的路蔓延向成长与成熟。岁月的歌飘荡在天涯，故乡是浪子永恒的牵挂，无论千里万里，一颗心总是在静寂时回到久别的故里。

离开王宫，离开家乡，曼德拉和贾斯提斯很久没有见到摄政王。儿行千里，已经年迈的摄政王怎能不担心呢？在人们眼中，他是无比威严的王者。在曼德拉和贾斯提斯心中，他只是一个老父亲，一个已经年迈的慈爱的老父亲。

曼德拉和贾斯提斯，一个是他的义子，一个是亲生儿子，两个年轻的孩子对他来说都是一份沉甸甸的牵挂。许是被思念困扰了太久，他终于借着访问的借口准备到约翰内斯堡，并给两个儿子写了信。

接到摄政王的信，曼德拉和贾斯提斯惊喜之余，又感到害怕。他们怕父亲是专程跑来捉他们回去的，害怕一场劈头盖脸的责备。

当初，他们把王宫当成樊笼一般拼命向外挣脱，而今，那个曾经的樊笼竟也让他们感受到了想念的滋味。很快，摄政王到了。见到已经年迈的老父亲，他们知道担心完全是多余的。摄政王并没有责备他们，关于他们逃婚的事情，他一字未提，就连曼德拉离开福特哈尔大学的事，他也没有提起。

对于曼德拉来说，摄政王虽是养父，但是却和亲生父亲一样，而摄政王也像对亲生儿子一样对待曼德拉。那天，摄政王慈爱地询问了曼德拉的生活状况以及未来规划，在得知他在约翰内斯堡已经小有成就后，感到很欣慰，甚至鼓励他在自己喜欢的道路上奋勇前进。

这份理解与鼓舞，让曼德拉感激不已。

不过，贾斯提斯必须回家，以便日后继承王位。然而，这个叛逆的年轻人并不肯遵从父亲的安排，那时的他喜欢上了当地的一个女孩儿。

无奈的摄政王只能自己回王宫。那个年迈的背影在这两个年轻人的眼中越来越远，他们却不曾意识到，摄政王在他们的世界里也已经越走越远。

贾斯提斯的态度惹恼了一位忠心耿耿的大臣。摄政王走后，这位大臣就把贾斯提斯起诉了。作为贾斯提斯的好兄弟，曼德拉的法律知识又派上了用场。他为贾斯提斯辩护说："贾斯提斯已经是一个成年人了，他有权决定自己的去处。"

大臣并没有用法律知识来辩驳，而是从"情"的角度出发，在感情与道德上控诉曼德拉。他叫着曼德拉的氏族名字"马迪巴"，提醒着他不要忘了自己的泰姆布血统："摄政王从小把你当亲生儿子一样对待，供你上学，供你吃穿，还百般呵护你，而你却要违背他老人家的意愿，与他作对。你的这种行为是对摄政王的不忠。"

这一番话，如同一枚钢针深深地刺痛着曼德拉的心。摄政王对他的呵护与关爱，历历在目。从感情的角度出发，曼德拉意识到了自己的错误。贾斯提斯是摄政王的亲生儿子，继承王位是他命定的人生之路。一瞬间，他为贾斯提斯设下的"保护"屏障分崩离析，甚至转过头来劝说贾斯提斯回去。

对于曼德拉的转变，贾斯提斯很是惊讶。不过，他并没有听从曼德拉的劝告，依然不肯回家。

日子一天天平静如水地过去，他们却不知，那一次与摄政王的离别，竟是永别。就在摄政王离开后六个月的一天，也就是1942年

第一章 理想与现实的边缘

的冬天,他们在报纸上惊悉摄政王去世的消息。

巨大的悲痛如同洪水般滔然袭来,他们立即动身赶回王宫,参加了摄政王的葬礼。

生命就是这样脆弱。多少不经意的离别,一不小心就变成了永别?

对曼德拉来说,摄政王就像自己的亲生父亲一样。所幸,在摄政王离世之前,曼德拉与他打开了心结,没有责备,没有埋怨,反而是理解甚至支持。曼德拉觉得,摄政王不仅是一位慈爱的父亲,还是一名开明的领袖。这种精神与品格,对曼德拉的影响也是深刻的。后来曼德拉回忆说:"在他的领导下,人们团结一致。不论是自由主义,还是保守主义,不论是改革主义,还是传统主义,不论是白人官员,还是黑人矿工,他们都忠诚于他。而他们之所以会听从摄政王的领导,不是因为他拥有至高无上的权力,而是因为他倾听和尊重人民的意见。"

这是曼德拉眼中的摄政王。其实,在后来的曼德拉身上,这些特点也是非常明显的,足见摄政王对他的影响之深。

逝者已去,而活着的人还要化悲痛为力量。贾斯提斯留在王宫,继承了父亲的王位,而曼德拉则返回约翰内斯堡,继续逐梦的旅程。

1942年年底,曼德拉通过了最后一门函授课考试,修满学分,拿到了文学学士学位。他回到特兰斯凯,在福特哈尔大学办理了毕业手续,并邀请自己的母亲和摄政王的遗孀(即曼德拉的养母)参加了自己的毕业典礼。这是摄政王生前的愿望,也是他离世时的遗憾,如今曼德拉终于为这个遗憾划上了完满的句号。

这也算是对摄政王最好的慰藉吧,他如果泉下有知,应该会感到骄傲与自豪。

第二章
政治如空气一样无孔不入

1. 一个崭新的世界

友情总是有着强大的力量，它可以改变一个人的思想，甚至影响一个人的生命轨迹。

在律师事务所中，曼德拉遇到了一位影响他终生的人——高尔，也是曼德拉的同事。

高尔是非洲人国民大会的成员，也是一名南非共产党员。他的思想比较激进，甚至不把自己的老板——律师事务所的雇主希戴尔斯基放在眼里。曼德拉曾听见他毫不客气地对希戴尔斯基说："我们为工作四处奔波，而你们却像老爷一样窝在办公室享受，迟早有一天，我们的位置会颠倒过来的。到那时，我们将会把你们赶进大海里喂鲨鱼。"

有这样的员工，希戴尔斯基当然是不喜欢的。看到曼德拉和他走得越来越近，他不无担心地提醒曼德拉，"你和这些人在一起，他们会毒害你的大脑！"

但是，曼德拉并没有听从希戴尔斯基的劝告，反而和高尔越走越近。高尔的思想，对曼德拉的影响是强烈而直接的。很多曼德拉曾经非常重视的东西，被高尔的几句话就颠覆了。比如在对待教育的态度上，高尔这样说："教育虽然是个好东西，但是没有哪个国家的人民是通过教育而获得自由的。如果仅仅依靠教育获得自由，我们或许还要再等上100年！如果等到那天，我们受教育的权利都有可能被剥夺！"

这样激进的人，希戴尔斯基是不喜欢的。他害怕高尔会招惹麻烦，更害怕招惹高尔会给自己带来麻烦。他是个非常友善又耐心的人，喜欢规规矩矩地生活。他对曼德拉很好，并时常向他传递着"政治是一个十分危险的东西"的信息。他觉得一旦触碰了政治，就很可能遭遇牢狱之灾。

看到曼德拉并没有听从自己的劝告，希戴尔斯基继续不厌其烦地开导："曼德拉，你想当一名律师，对不对？你想当一名成功的律师，对不对？如果你参与政治，你不仅会失去你的工作，失去你的家庭，甚至还会因此被投进监狱而失去你的自由。如果你坚持，这终将是你的下场。"

这句话对曼德拉来说可谓是一语成谶。不过，他料到了曼德拉入狱的遭遇，却没有料到他对抗命运不死的坚持，并最终成为南非最受人敬仰的英雄。

曼德拉也曾认真地思考过希戴尔斯基的话，并认为也有一定道理。不过，那时候他的心已经在向政治一点点靠近，希戴尔斯基的话根本不能阻止政治对曼德拉的吸引。曼德拉说："我不知道我为什么会倾向政治，也不知道我倾向的政治到底是为什么。"

有些时候，梦想的吸引往往是毫无理由的，就像喜欢一件物品，喜欢一种行为，或者喜欢一个人，喜欢就是喜欢，没有道理可言。梦想就像一块巨大的磁铁，深深地吸引曼德拉的心。只不过，一面是政治的吸引，一面又是谆谆告诫，这让曼德拉感到很矛盾，他"徘徊在政治与非政治的边缘，有些不知所措"。

高尔给曼德拉推荐了很多朋友，并带他去参加一些交流会，甚至到非洲人国民大会会议。从高尔那里，曼德拉知道了非洲人国民大会是南非最早的非洲人组织，它的成员倡导变革，全力消除种族歧视，力争促使南非公民化。

这是追求自由的漫漫旅程。

或许是政治空气的耳濡目染，曼德拉的行动也开始积极起来。1943年8月，高尔和一些人为了抗议公共汽车车票涨价组织了一场为期九天的大罢工，并最终以公共汽车票价恢复到原价而取得胜利。

第二章 政治如空气一样无孔不入

在这次大罢工中,曼德拉也积极参与进来。这是他第一次参加政治事件,而胜利的结局,更是给了他强烈的信心与鼓舞。在以后漫长的逐梦路上,这次罢工的情形经常会浮现于他的眼前。这次经历,为他以后组织策划大罢工埋下了重要的伏笔。

曼德拉获得了文学学士学位后,终于可以堂堂正正地向着律师路前进了。他希望能和雇主签一份劳动合同,成为一名真正的律师——这也是他一直以来的一个愿望。然而,高尔却给他这个梦想以沉重一击,"即便你获得了再多的学位,只要有我的存在,他们也不会与你签订劳动合同。他们只会说,高尔已经为我们带来了所有的客户,我们为什么还要再多一个吃闲饭的人呢!"

不过对于曼德拉的职业规划,高尔还是支持的:"以我对你的了解,我相信你当律师能够更多地为南非人民服务。"这算是对曼德拉的肯定,也是对他的鼓舞。

高尔决定离开律师事务所,一面是为曼德拉提供一个机会,一面去忙自己的事业,开一家房地产代理公司。他说:"如果我走了,他们除了和你签订劳动合同之外,别无选择。"

果然,高尔走后不久,雇主就和曼德拉签订了劳动合同。

从名义上,曼德拉已经是一名律师。但是在当时的南非,要想取得执业律师资格,还必须经过系统的法学教育。于是,这个怀揣梦想的年轻人又攻读了威特沃特斯兰德大学(简称"威特大学",也有译做"金山大学""白水岭大学")的法学博士学位。

威特大学成立于1926年,其学生主要是白人或者印度人后裔。这是一所提倡思想自由的学校,学校师生的思想也出现了百家争鸣的局面。有人持种族歧视的论调,也有人坚持着种族平等的观点。

这是一个新的征程,只是在这征程的开始,曼德拉就感受到了种族歧视的毒害。

在学校，曼德拉是和白人一起上课的。他从来没有想过会和白人在同一间教室上课，这样的情况让曼德拉吃惊不已。而吃惊的不止他一个人，还有其他白人。他们对这个黑皮肤的青年人并不友善。在白人的世界里，黑人和女人都是次等公民，是没有资格同他们站在同样的位置上的。

种族歧视在那个年代如同一颗毒瘤，深深地伤害着黑人的自尊。不过，有压迫就会有反抗，有很多主持正义的人在努力改变着这种格局。然而反对的声音却渺如微尘，淹没在浩如烟海的歧视目光里。

曼德拉所在的律师事务所是一家很公正的事务所，不仅帮白人打官司，对黑人也一视同仁。这份公正，给曼德拉的影响也是很深刻的。他意识到，黑人与白人应该是站在同一个位置上的，公平与正义如同阳光般在他的心里蔓延开来。

曼德拉在学校结交了一些反对种族隔离的进步人士，其中包括南非的共产党员。有人劝说曼德拉也加入共产党，但是曼德拉拒绝了。南非共产党认为南非没有受到种族压迫。这样的观点曼德拉是不接受的，他深切地知道南非人民不但经历了几个世纪的种族压迫，而且还要进行一场反种族歧视的斗争。

曾经，成为律师是曼德拉的梦想，当他终于成为了律师，新的梦想便再次照亮了他的心房。一条追求自由与平等的路，正在曼德拉的脚下铺陈开来。就像一朵骄傲的帝王花，正在沉睡中一点点醒来。

2. 黑皮肤与黑土地

每一次生命的轮回都是一个花开花落的过程，花开的时候尽情地绽放，花谢的时候才会有一地的缤纷。

第二章 政治如空气一样无孔不入

阳光照耀在南非的大地上，无论黑皮肤，还是白皮肤，都在阳光下忙碌着。然而，种族歧视却像一道无形的墙，将他们的生活整齐地隔离开来。

在威特沃特斯兰德大学里，曼德拉饱受着来自四面八方的异样目光，就连老师也不能把这个黑人学生和其他人平等看待。他是法律系唯一的黑人学生，所有歧视的目光都是向着他一个人投来的。有一次，法律系里一位颇有才华的老师哈罗当着大家的面对曼德拉说，你不应该来到这里学习法律，理由是女人和非洲黑人不应当做律师。因为法律是社会科学，女人和非洲黑人的大脑没有受过足够的训练，不能理解复杂的法律内涵。

这是对曼德拉人格的羞辱。这种压迫并没有难倒曼德拉，他更加努力地学习，并向着自由与平等的梦想一步步靠近。

殖民者的入侵，使得南非全国上下的政治氛围异常浓烈。在生活的每一个领域，几乎都和政治有关。民族歧视的毒瘤始终在人群中生长着，蔓延着。黑人被当成劣等人来对待，他们的生活圈子，都是黑人聚集的地方：上学，只能上黑人学校；居住，只能住在黑人居民区；就连生病，也只能在黑人医院里看病。他们所到之处，总是充斥着来自外界的异样目光。成年黑人无论多么出类拔萃，也只能给白人打工，而且只能做一些纯体力、毫无技术含量的劳动——因为在非洲，他们不仅人格，就连智力也是被歧视的。

在这种社会状态下，非洲黑人无法接受良好的社会教育。在仅有的教育里面，也被灌输着种族歧视的思想，让他们在人生观与世界观形成的时候，就认为自己是劣等的。

于是一个恶性循环在非洲黑人中间形成了。黑人真的认为自己的黑皮肤是可耻的，而白人的一切都是最好的。他们甚至要发誓做一个"黑皮肤的白人"，这是多么荒唐！

当然，并不是所有黑人都是被愚弄的。在那片密不透气的压迫中，始终有人在挣扎着，反抗着。他们振臂高呼，誓将实现种族的平等。

这时，世界的格局也出现了转变。1941年苏德战争的爆发使得第二次世界大战的局势扩大化。美国总统罗斯福和英国首相丘吉尔在反抗法西斯的共同目标下签署了《大西洋宪章》，强调追求世界和平，反对暴力侵略，反对种族压迫，要求恢复被剥夺的各国人民的主权。

对于南非人来说，这是摆脱种族歧视的一道曙光。南非黑人建立的非洲人国民大会抓住这个机会，起草了宪章，明确规定必须废黜所有种族歧视的法律，给予全体非洲黑人自由和人权，让他们在自己的土地上可以自由迁徙，让所有黑人和白人一样都能享有共同的权利。

反抗民族歧视的自由之路，正在这片土地上艰难地展开着，民族主义让非洲黑人中的有志之士站在了统一战线上。

在律师事务所，还有一位与高尔有着相似之处的员工——沃尔特·西苏鲁。他也是非洲人国民大会成员，对曼德拉很友善。在高尔离开事务所后，他和曼德拉很快成了好友。西苏鲁认为非洲人国民大会是黑人摆脱白人压迫的希望，他也把这份信心带给了曼德拉及很多人。

对西苏鲁，曼德拉非常崇敬，他说："我发现我越来越崇拜西苏鲁，并为自己能参加西苏鲁所参加的一切组织而感到自豪！"

西苏鲁对自由与梦想的追求，对曼德拉有着深刻的影响。除了高尔、西苏鲁，黑人律师莱彼得也是曼德拉的好友之一。

莱彼得拥有法学学士学位和艺术硕士学位，在思想上更是一位先进分子。他反对种族歧视，认为非洲是黑人的家园，只有黑人才是这片土地的主人:"我们黑色的皮肤和我们黑色的土地一样,都是美丽的。""白人把自己看成优秀人种的观点是极其愚蠢的!"

在种族隔离如此严重的南非提出这样的观点,是难能可贵的。黑皮肤,黑土地,在灼灼阳光下绽放了千万年的光辉。白人的入侵,让他们流离失所,支配着他们的躯体,愚弄着他们的灵魂。

莱彼得把南非人民抗争英国殖民者的民族主义看成非洲民族主义。这个观点对曼德拉影响很大,他由此把南非民族主义看作是抵制英国殖民者统治的一剂良药,并认为必须重新唤醒南非人民重建民族主义。

青年的热血,在慷慨激昂的岁月中沸腾着。曼德拉说:"我决定成为一名自由战士,为南非人民的自由,与那些压迫我们人民的统治者做斗争。"这是曼德拉新的目标,新的愿望,也是他为梦想而写下的誓言。

岁月变迁,穿过重重历史的尘埃,我们仿佛依然能看到多年前那个黑皮肤的年轻人挥洒着豪情壮志的身影。从他的身上,我们看到的不仅仅是一个人的希望,更是一个民族的希望,一个时代的希望。

3. 为了更好地战斗

青春是一支开得如火如荼的花,激昂岁月,在青春年少的日子里沸腾着。

年轻的曼德拉经常和志同道合的朋友在一起讨论关于南非种族压迫与人民自由的问题。他和西苏鲁、莱彼得等人在一起,共同寻找南非人民通往自由与民主的路。

他们看好非洲人国民大会，并希望这个组织能够带领南非人民走向和平与自由。

　　非洲人国民大会是1912年在奥兰治自由邦的首都布隆方丹成立，原名"南非土著人国民大会"，1925年改为"非洲人国民大会"。这是一个旨在团结所有非洲人民共同反对种族压迫的组织，以请愿、游行示威等行动来抗议种族压迫。

　　非洲人国民大会在成立之初曾起到一定效果，然而随着时间的推移，组织内部开始出现了萎靡不振的现象。当时的非洲人国民大会主席是埃克苏玛医生，他带领着非洲人国民大会一步步走向辉煌与强大。声名鹊起后他却越来越狂傲自大，已经大权在握的他对权力依然有着更为强烈的欲望，甚至将非洲人国民大会的选举权和人员任用权也揽在手中。

　　当曼德拉加入这个组织的时候，非洲人国民大会已经渐失人心了。那时埃克苏玛在组织国民大会做任何事，总是以不损害白人的利益为前提。在这种情况下，非洲人国民大会无法采取任何政治行动为黑人伸张正义，它已经失去了最初的作用。

　　曼德拉和朋友们，还有很多人都已经开始对国民大会有所不满。在这种情况下，改革已经成了一种必然。只有经过改革，非洲人国民大会才能有新的希望。

　　只是，埃克苏玛没有意识到这一点。曼德拉和朋友们经过商议之后，决定成立一个新的组织，以便于更好地与民族压迫统治抗争。

　　他们为这个即将诞生的组织取名为"青年团"（又译青年联盟），青年的热血，在这个响亮的名字中沸腾着。

　　曼德拉、莱彼得、西苏鲁等人是组建青年团的主要领导人。要想正式成立这个组织，就必须得到别人的支持，而最重要的力量，便是非洲人国民大会。

曼德拉等人与非洲人国民大会主席埃克苏玛进行了交谈。然而，埃克苏玛在得知他们的想法后极力反对曼德拉等人的观点，认为组建青年团会威胁到非洲人国民大会的地位。他觉得青年团搞群众运动的想法是不切实际的，因为非洲人民的组织性和纪律性非常差，即便能发动群众运动，也是十分危险的，会遭到政府的武装镇压。

埃克苏玛更倾向于通过和平手段来达到种族平等的目的。他寄希望于白人社会中的个别领导者，希望通过与他们的斡旋来消除种族歧视。他害怕与白人产生正面冲突，对于广大黑人人民的呼声置若罔闻。曼德拉等人的提议让他格外担心与白人发生冲突，极力加以否决。

但是，青年团作为一个应运而生的新生命，绝不会因为埃克苏玛一个人的否决就胎死腹中。

与埃克苏玛的交谈结束后，曼德拉等人又找到了威廉·恩科莫。恩科莫对这些年轻人的主张非常支持，并带领他们建立了青年团委员会。

1943年12月，在非洲人国民大会召开的时候，青年团委员会的成员也参加了。会议上，青年团委员会成员提议建立青年团，以此协助非洲人国民大会招募新的成员。在这种情况下，埃克苏玛一个人的意见已经不能代表所有人了，最终，这个建议被采纳。

1944年复活节期间，青年团正式问世。

在青年团召开的会议中，莱彼得当选为青年团主席，奥立弗·坦博任书记，西苏鲁任财政部长，曼德拉被选入决策和执行委员会。他们以"非洲民族主义"为口号，以"推翻白人霸权政治，建立民主政府"为宗旨。最初成立的青年团大约有100人，虽然人数并不算多，但都是南非的精英，有很多是曼德拉在福特哈尔大学的校友。

青年的热血，在阳光下沸腾着。他们指点江山，激昂文字，在共同的梦想下向着共同的方向努力前进。

曼德拉曾在《漫漫自由路》中这样说："我没有瞬间的觉悟，没有奇特的启示，没有上帝的显灵。但是，我有无数次地被轻视和怠慢，无数次地被侮辱和损害，无数次地愤怒和反抗，我无数次地希望与束缚我们人民的制度开战。"他发誓要为人民的解放而献身："我完全知道我正在这样做，而且别无选择。"

这是曼德拉人生的宗旨，是他最执著的追求。

这是一个人的愿望，更是关乎一个民族、一个国度的希望。

这条路注定是充满艰辛与危险的，但是曼德拉不在乎。梦想总是有着异常惊人的力量，它能磨练一个人的意志，能让滴水穿石，能让野草春风吹又生。

这个时候的曼德拉是斗志昂扬的。在忙于事业的同时，爱神也悄然眷顾了他。在西苏鲁家的时候，他与西苏鲁的姨表妹伊芙琳·梅斯相识。伊芙琳是一名护士，对于曼德拉的窘困并不在意。他们很快相恋，1944年，两个人在约翰内斯堡的一个教堂举行了婚礼。第二年，他们的长子桑贝基勒出生。

一个美满的小家，在约翰内斯堡这个喧哗的城市中悄然盛开着温馨的花。曼德拉是个很有责任感的人，无论是对祖国与人民，还是自己的小家。细数幸福的光阴，梦想的翅膀划过天际。这一番煞费苦心的追逐，虽然荆棘满布，不过在梦想有了小小的成就的时候，甜蜜便覆盖了所有的伤痛。

4. 哪里有压迫，哪里有斗争

岁月漫漫，逐梦的跫音在璀璨的青春里久久回响。

南非的种族歧视虽然主要在于白人对黑人的压迫，但也并非所有的白人都主张这种不平等的民族关系，一些有正义感的白人还是主张种族平等的。这一支力量，对于青年团要解放广大黑人的目标来说是非常重要的。

有一次，曼德拉和米尔、辛格两个印度裔的朋友外出。乘坐有轨电车的时候，他们和售票员发生了冲突。原因是按照当时南非种族隔离的法规，印度人可以乘坐有轨电车，而非洲黑人不可以。售票员告诉米尔，他的"卡菲尔"（白人对非洲黑人的歧视称呼）同伴不能乘坐有轨电车。米尔和辛格两个年轻人立即非常愤怒地斥责了这名售票员，结果售票员叫来了警察，几个人被逮捕了，并在第二天交付法庭审判。

费希尔是曼德拉的辩护人。这是一个家世显赫又有着强烈正义感的白人，当法官了解到费希尔的身份背景后，便给了他一个面子，将曼德拉等人无罪释放了。

这次经历让曼德拉意识到，争取有正义感的白人支持对于早日实现全民族的自由与平等是多么重要。

然而，并不是所有人都像曼德拉这么想，莱彼得主张的"非洲主义"理论便是典型代表。他认为黑人才是非洲独一无二的主人，所有白人都应该被排斥。

那时候，南非大地上蕴藏的丰富金矿资源吸引了无数白人与黑人。只不过，白人是矿藏的主人，而黑人却是矿藏的奴隶。

那些黑人矿工干着最沉重的活，拿着最微薄的薪资，生活捉襟见肘，甚至食不果腹。哪里有压迫，哪里就会有反抗。难以忍受的矿工们提出要求，将薪资由每天两个先令提高到每天十个先令，遭到矿业协会的拒绝。

于是，非洲矿工工会主席 J. B. 马科斯通过领导一场有计划的大规模罢工活动来进行抗议。他是非洲人国民大会的资深成员兼南非共产党员，这个身份对他展开大罢工的领导活动产生了很好的效果。

大罢工持续了约一个星期。当时，南非全国共有40万矿工，其中7万人参加了这次轰轰烈烈的活动。

采矿业是南非的经济命脉，矿工的罢工对国家经济的影响是巨大的。政府对这次罢工非常愤怒，他们派了大批警察前去镇压。

大罢工最终以失败告终。血腥的镇压之下，有12名抗议的群众被警察打死，52名罢工的带头者被抓捕，矿工工会办公室也被搜查了。

不久，政府又颁布了《土地占有权利法》。这是一个典型的"隔离法"，主要针对印度人。在当时的非洲，印度人与来自欧洲的白人、非洲土著黑人是三大族群，并多数从事着商业活动。《土地占有权利法》中禁止印度人自由迁徙，限制他们经商及居住的区域。

这是对印度人的自由进行的赤裸裸的限制，自然遭致他们强烈的不满。于是在这种压迫下，又一次抗争爆发了。

德兰士瓦南非印度人大会主席达杜医生和纳塔尔南非印度人大会主席奈克医生共同领导了这场抗议活动。很多人从家中走出来，有律师，有商人，有医生，有农民，从社会的上层到底层，每个阶层的人民都站了出来，共同为自由而战。

这场大规模的抵抗运动持续了大约两年，很多人故意做出与法律规定的内容相违背的行为，比如闯进规定的白人禁地等。至少有两千人在抗议中被捕，其中包括曼德拉的好友米尔和辛格，两个年轻人为此中断了自己的学业，达杜医生、奈克医生两名领导者各自被判了为期六个月的重体力劳动。

之前的大罢工和这次抵抗《土地占有权利法》的活动让曼德拉有了新的政治观点。在青年团成立之初，曼德拉主张与共产党、南非印度人保持距离，以免非洲人国民大会被别人控制。1946年发生的这两件大事，让曼德拉开始意识到应该最大限度地和所有反抗种族隔离的政治团体展开协作。

为了能将所有非洲人与印度人有效地团结起来与共同的敌人进行斗争，1947年，非洲人国民大会主席埃克苏玛医生、德兰士瓦南非印度人大会主席达杜医生和纳塔尔南非印度人大会主席奈克医生签署了一份医生公约。

为了争取选举权，非洲人民在德兰士瓦和奥兰治自由邦举行了选举大会，他们希望能将选举推广到全国。然而，就在运动筹备进行的时候，非洲人国民大会却突然宣布退出这场活动。

德兰士瓦主席拉莫哈诺公开反对他的上级德兰士瓦执行委员会的决定。因为违抗上级命令，拉莫哈诺遭到了多数人的谴责。人们认为他的行为是对组织的不信任，并要求曼德拉带头谴责他。

曼德拉从来没有怀疑过拉莫哈诺对组织的忠诚以及他对斗争的奉献，而且，他也明白应该帮助印度人。不过，拉莫哈诺违背组织的意愿是事实，这种行为在性质上是很严重的，曼德拉最终还是同意了带头谴责他。曼德拉说，非洲人国民大会是由个体组成的组织，它比每一个个体都要大，忠于组织要远胜于忠于个人。

毕竟，集体的力量是最大的。只有在集体中，一个人的力量才能淋漓尽致地释放出来，才能将他的光和热发挥到极致。

漫漫自由路，虽然充满着艰辛，但是一路风雨里，也洒满着璀璨的阳光。逐梦路上，总是痛苦与快乐并行。

5. 非暴力不合作

在那些硝烟弥漫的岁月里，每一个逐梦的人都面临着繁冗而多变的考验。

第二次世界大战期间，南非采矿业和非制造业得到迅速发展，大量黑人涌入城镇，使得南非城镇居民增加了47%。另外，战时以史末资为内阁总理的统一党执政当局参加了"盟国"对"轴心国"的战争，在国内积极打击法西斯分子。为了得到广大黑人的支持，他宣告种族隔离政策已经过时，应予废除，并允诺如果战争局势进一步恶化，就给黑人士兵配备枪械。

对于广大黑人来说这是振奋人心的好消息。然而当战争宣告结束，白人当局不仅没有兑现承诺，反而认为大量涌入城镇的黑人会在工作岗位等方面与白人发生竞争。那时城镇居民中黑人的数量是白人数量的近四倍，种族隔离政策更加嚣张起来。

1948年，南非国民党候选人丹尼尔·费朗索瓦·马兰在大选中当选总理，进行重新组阁。国民党一直坚持着种族歧视的论调，马兰更是一个极端种族主义者。在他新组的内阁成员中，都是荷兰裔、德裔为主的布尔人，是狂热的种族主义分子，这些人认为白人至上，黑人只能做一些毫无智力性的体力劳动。

城镇里大量黑人的存在让坚持种族歧视论调的马兰政府感到很不舒服。他们将来自农村的黑人务工者称为"流动劳工"，只希望他们在城市里做苦力劳动，而不希望他们举家迁到城市里，形成社会化，从而与白人产生生活资源上的竞争。

为了推行种族隔离政策，国民党颁布了一系列的相关法律，比如规定南非黑人、白人、有色人（包括印度人）三大种族完全隔离的《特定居住法》；打击不同政见者的《镇压共产主义条例》；剥夺有色人在会议中代表权的《选民分离代表法》；把人口分为不同种族集团并按照种族颁发证件的《人口登记法》；禁止白人与有色人、黑人通婚的《禁止通婚法》；将白人与有色人、黑人的性关系非法化的《不道德行为法》；进行交通工具、公共场所隔离的《班图权利法》

和《福利事业隔离法》；授权行政当局完全控制非洲土著人自办的教育以实现对非洲人洗脑式教育的《班图教育法》；将就业歧视法律化的《工业调解法》等等。

这些法律的颁布，无疑将南非的种族歧视推向了又一个高峰。

在那个战火纷飞的混乱年月里，饱受殖民者压迫的不仅仅是南非人民，世界其他地区同样存在着类似的压迫与反抗。俯瞰历史，当我们的目光跨过印度洋，就会看到印度人民也正在殖民者的压榨下苦苦寻找着出路。为了挽救民族危亡，圣雄甘地领导了轰轰烈烈的"非暴力不合作"运动。

甘地说，真理是神，非暴力则是追求真理（即认识神）的手段。"非暴力不合作"运动不仅在印度历史上，更在世界历史上有着重要的地位。甘地把"非暴力不合作"当作强者的武器，这个武器对印度也的确起到了积极作用，打击了英国殖民者。

虽然"非暴力不合作"运动并没有使印度完全走向胜利，但是它让饱受殖民压迫的人民看到了希望的曙光。这种影响也波及到了南非，曼德拉等人所领导的青年团对"非暴力不合作"的思想与做法颇为赞成，并认为应该在南非也发动一场类似的运动。

在这种思想的指引下，青年团制定了一系列的斗争纲领，以发动抗议示威、工人罢工等群众运动为主，冲破法律框架的束缚，即使为此坐牢也在所不惜。

为了能得到非洲人国民大会的支持，他们不得不再次与非洲人国民大会主席埃克苏玛进行商榷。已经和他们有过一次不愉快经历的埃克苏玛，在这一次的谈话中对他们依然持否定态度。埃克苏玛承认这种斗争方式迟早会采用，只是时机还没有成熟。如果现在以这种方式抗争，他们势必遭致政府的镇压。

其实，所谓时机不成熟，只是埃克苏玛的借口。身为非洲人国民大会主席，他已经习惯了站在高处俯瞰他人，那种荣耀与享受的感觉让他留恋，更让他害怕失去。他声称，自己绝对不会为了斗争而放弃今天所拥有的地位和荣耀。

不过，埃克苏玛的态度并没有难倒青年团的志士，他们以一种威胁的口吻说，"如果你支持我们的斗争方式，在下次选举中，我们会支持你；否则我们将会另选他人。"

高高在上的埃克苏玛早就习惯别人的绝对服从，对这些年轻人的威胁顿生愤怒，直接将这些不懂事的家伙赶了出去。

埃克苏玛的拒绝没有难倒曼德拉等人。当12月份非洲人国民大会的选举大会到来时，青年团的春天便也随之到来。在这次选举大会中，候选人有两名，一个是埃克苏玛，另外一个是莫罗卡。

出身黑人豪门的莫罗卡医生在非洲人国民大会的威望并不高，但是因为有青年团的支持，他还是成功竞选为非洲人国民大会的新主席。

本来，青年团想要支持的是马修斯，但是马修斯却将青年团成员看成幼稚的狂热分子，对他们"非暴力不合作"的斗争方式并不支持。在这种情况下，他们便将目光落在了莫罗卡身上。莫罗卡对这种斗争方式也是持有不同观点的，但是经过青年团的说服，他还是接受了。从莫罗卡接受青年团"非暴力不合作"的斗争方式的开始，他就没有心悦诚服地融入到青年团中。曼德拉等人还不曾预想，就是这样一个并非心悦诚服的主席，为他们以后的斗争埋下了祸根。

在这次会议上，西苏鲁当选为总书记，坦博当选为全国执行委员会主席，曼德拉进入非洲人国民大会的全国执委会，这标志着曼德拉已经成为非洲人国民大会中的核心人物。

因为青年团成员在非洲人国民大会中的特殊地位，加上新任主席莫罗卡的支持，他们的行动纲领终于在大会上获得通过。

这是一个新的开始。青年团在南非的历史与政治舞台上开始充任重要角色，他们将带领着南非人民走向一个新的世界。这是青年团迈出的重要一步，虽然只是开始，但是大家心中都异常兴奋。曼德拉更是备受鼓舞，他仿佛已经看到了政府被人们"非暴力不合作"的抗争逼迫得只好让步，向往自由的梦想，似乎鸣奏出了最美的旋律，在心房的一角轻轻唱和。

6. 走向成熟

培根说：一个人如果能在心中充满对人类的博爱，行为遵循崇高的道德，永远围绕着真理的枢轴而转动，那么他虽在人间也就等于生活在天堂中了。

真正的英雄总是心怀天下的。曼德拉之所以成为南非的一个传奇，就是因为他将全民族的解放事业当作自己的梦想，以一颗博爱的心，照亮他人的路。

带着这个梦想，曼德拉一路跋涉，纵然惊险不断，他也从不放弃。

在当时的南非，反对种族歧视的不止是非洲人国民大会，南非共产党和南非印度人大会也是积极主张种族平等与自由的组织。非洲人国民大会中很多人都觉得应该和共产党人、印度人这些有色人种或白人组织保持距离，以防止自己的组织被他人控制。曼德拉也是这么认为的，所以在得知南非共产党人和南非印度人将在1950年5月1日举行大罢工以废除所有歧视法律的消息时，曼德拉及其他非洲人国民大会成员并没有支持他们。

这是在白人的统治之下形成的阴影。

5月1日，政府得到大罢工的消息，慌忙要求取缔游行集会，但是对于无数高举抗议大旗的人们来说于事无补。人们群情激昂，长久以来的压迫与痛苦，都在高声的呼唤中轰然爆发。

口头上的要求与恐吓已经不能控制激怒的人群，武装精良的南非警察们便直接以武力开始了残酷血腥的镇压。只要见到游行的队伍，他们就用机枪进行扫射，连路人也不能幸免。在这次血腥镇压中，有18名南非黑人被击毙，受伤者、被逮捕者不计其数。

连曼德拉本人也险些丧命在流弹之下。要不是他赶紧躺在地上，只怕也要成为这场斗争的牺牲品了。

这次抗议最终被政府残酷镇压。马兰政府不仅没有理会抗议群众提出的要求，反而开始了更加残酷的统治。为了控制人民，政府出台了新法规《镇压共产主义条例》，宣布南非共产党为非法组织，强行解散，一旦有人加入共产党员，最高可判刑十年监禁。

除了针对共产党的内容，该法规还将抗议行为列在非法行列，禁止一切个人反对政府的行为。

这样严酷的法律不仅让南非共产党人，更让每一个南非人义愤填膺。非洲人国民大会意识到，如果再坐视不理，政府的打击矛头迟早会落到自己头上。

针对这样的局势，非洲人国民大会和南非印度人大会等组织立刻召开会议，共同寻找南非人民的出路。

在这次会议上，曼德拉等非洲人国民大会领导人对这场轰轰烈烈的大罢工进行了反思，并检讨了此前没有与南非共产党建立联合战线的做法，共产党被解散，这意味着南非反对白人压迫、要求种族平等的呼声中少了重要的一支力量，非洲人国民大会也少了一个重要盟友。坦博说："今天镇压的是共产党，明天将会是我们的商会、我们的南非印度人大会、我们的人民组织、我们的非洲人国民大会！"

此时的曼德拉，已经在一次次斗争的经验与教训中成熟起来，他很赞成坦博的观点。"镇压任何一个自由团体都是对所有自由团体的镇压。"曼德拉如是说。不过，此时的曼德拉对共产党还是坚持反对观点的，只不过共同的敌人让他与共产党站在了一起。

团结就是力量。此时此刻，南非重要的反种族歧视组织已经团结在一起，他们立誓要对抗种族歧视的压迫，与白人政府血战到底。

会议中，大家一致赞同在1952年6月26日的国庆节发起游行与罢工活动，向政府在大罢工中杀死18名非洲人的恶劣行径发出抗议，要求废除《镇压共产主义条例》。

这是一个危险的举动，但是为了全民族的解放事业，他们在所不惜。峥嵘岁月里，这些自由斗士抛头颅，洒热血，为着共同的目标做着殊死拼搏。

因为《镇压共产主义条例》的颁布，游行、罢工等行为已在非法之列。为了能让运动顺利进行，西苏鲁到处游说各地的领导人，洒满血汗的脚印几乎遍布了全国各地。而曼德拉则在罢工指挥中心主持日常工作，向前来咨询罢工计划的领导人介绍活动的进展情况。

对于曼德拉来说，这是他斗争思想出现转折的一个重要时期。此前，他一直是坚持反对共产党的。此时，他的观点开始发生动摇。在那段时间里，共产党的总书记、非洲人国民大会执行委员会的成员摩西·考塔尼经常深夜到他家去，两个人就各自不同的政治观点展开讨论，甚至通宵达旦。考塔尼说："纳尔逊，你为什么反对我们？我们都反对同样的敌人，我们不想独揽非洲人国民大会的权力，我们也是为非洲民族主义而工作。"这样的问话让曼德拉没有理由来反驳，而曼德拉自己也开始了反思。

共产党面对的敌人，也是非洲人国民大会面对的敌人，同样也是曼德拉的敌人。他认真分析了考塔尼、伊斯梅尔·弥尔和鲁思·佛斯特的自我牺牲精神，他看到了共产党人埋头苦干、努力工作的精神状态，看到了他们和自己一样心甘情愿为了全民族的解放事业肝脑涂地也在所不惜的决心，他终于明白，"我不能再怀疑这些人的诚意。"

在心理上已经接受了共产党的曼德拉，开始努力了解共产党人及他们的指导思想。他阅读了马克思、恩格斯、列宁、斯大林、毛泽东等人的著作，在字里行间探寻辩证唯物主义和历史唯物主义的哲理。无产阶级社会的思想让曼德拉产生了浓厚的兴趣，他觉得这种思想与非洲传统思想颇为相似，马克思的基本理论让他在脑海里勾勒出一个美好社会的蓝图。

研读马克思主义著作让曼德拉学到了大量的知识，这些重要知识武装了他的头脑。马克思主义者对民族解放运动的关注，当时的社会主义大国苏联对殖民地人民反抗压迫、追求民族独立的斗争给予的支持，更加让曼德拉对共产党刮目相看。

曼德拉终于改变了对共产党人的看法，并真诚欢迎马克思主义者加入非洲人国民大会。

在筹备国庆大罢工期间，曼德拉意识到非洲民族主义者和非洲共产主义者应当更多地加强团结，而不是走向分裂。为了民族解放事业，他废寝忘食，却又乐此不疲。在那些繁忙的日子里，我们也看到了一个年轻人渐渐成熟起来的目光，一个民族的希望就像一朵帝王花如火如荼地绽开。

7. "非洲迟早会回来的"

越是在压力下，梦想越是能爆发出惊人的力量。

马兰政府的残酷镇压，并不会动摇曼德拉对民族自由的追求，相反，这更加坚定了他执著的目光。

中国有句老话，叫做"忠孝两难全"，这是一个很残忍的矛盾，也是很现实的一个问题。献身民族事业的曼德拉，也同样遭遇了这个问题的挑战，而他毫不犹豫地选择了祖国。这份选择是正确的，不过也是痛心的。他说："如果一个人投身于斗争中，他就成了一个没有家庭生活的人。"没有家庭生活，这该是怎样的一种凄凉与难过？

繁忙的事务已经占据了曼德拉所有的生活空间，投身于斗争的他没有时间去考虑家庭生活。在筹备国庆大罢工期间，曼德拉的第二个儿子马卡托·莱瓦尼卡出生了。"马卡托·莱瓦尼卡"这个名字饱含着曼德拉对整个民族事业的美好愿望。它源自两个伟大人物，一个是自1917年到1924年担任非洲人国民大会第二任主席的赛法库·马宝高·马卡托，一个是赞比亚主席莱瓦尼卡。马卡托曾经带领志愿者反对不允许非洲人在比勒陀利亚人行道上行走的种族歧视性法令，对于曼德拉来说，"马卡托"意味着胆识与勇气，这份精神的力量，他也希望爱子能够具备。

曼德拉是神话般的英雄，然而这位伟大的英雄也是个有血有肉的平凡人。他爱自己的小家，更爱祖国这个大家。为了民族解放事业，繁忙的他总是早出晚归，离开家的时候家人还没有醒来，回到家的时候家人已经入睡。在筹备国庆大罢工的时候，他的妻子曾和他讲了一件小事——也是一件让他很难过的事，他只有五岁的大儿子泰姆比问她："爸爸住在哪里？"

明明是一家人，即使近在咫尺，却让小小的孩子觉得远在天涯。

曼德拉那样热切地爱着自己的小家，他说："我不想离开我的孩子，在那些日子里，我十分想念他们，不知不觉我竟然几十天没和他们在一起。"然而，为了国家大业，曼德拉不得不从温馨的小家中走出来，投身到广阔的政治天地中去。

在筹备的过程中，他们确定了斗争的方式：非暴力不合作。毕竟，政府的力量远远比他们强大，如果采用以暴制暴的斗争方式，势必会遭致毁灭性的血腥镇压。他们将斗争程序分为两个阶段，第一阶段：让志愿者故意进入法律禁止黑人和有色人进入的地方，使用只有白人才能使用的公共设施，宵禁之后仍在市区逗留等，这样志愿者就会因为触犯法律而被抓进监狱。第二阶段：志愿者被抓后，立即按照计划采取大规模的罢工、游行等抗议行动。

时间很快到了1952年的6月26日，比5月1日更大规模、更加轰轰烈烈的反抗民族压迫、要求民族平等的运动终于在周密的策划下开始了，史称"国庆大罢工"或"蔑视运动"。

国庆日那天，人们按着计划开始有条不紊地行动。雷蒙德·穆拉巴带领着33名志愿者进入了只有白人才能进入的车站，然后就像预想的那样被警察逮捕了。

被逮捕的志愿者一路高呼："非洲迟早会回来的！"激昂的声音与情绪，如同焰火点亮了南非的天空。

继而是运动的第二个阶段，抗议的黑人们不再上班，或者在家静坐，或者走上街头与浩浩荡荡的游行队伍一起呐喊。工人罢工，商人罢市，全国上下皆是一片沸腾，反对民族歧视、要求自由平等的呼声如同雷鸣般响彻了云霄。

面对这样的情景，马兰政府几乎动用了南非所有的警察，对抗议群众进行了残酷镇压，并抓捕了130多名参与者。

计划中，德兰士瓦的志愿者将会在德兰士瓦非洲人国民大会常务主席坦茨的带领下去黑人不被允许去的博克斯堡市，向政府表明他们不是一帮年轻的闹事者。然而等待了许久，曼德拉还是没有见到坦茨。将近中午，坦茨才告诉曼德拉，他的医生反对他为参加运

第二章　政治如空气一样无孔不入

动而坐牢。

为了能使计划继续进行，曼德拉只好改变目标。他立即找到了德兰士瓦南非印度人大会主席西塔来代替坦茨，此时的西塔已经年迈，又有病在身，但是对曼德拉的提议还是毫不犹豫地答应了。

为了西塔的安全，曼德拉打算让德兰士瓦非洲人国民大会书记陪同他前去，然而此时这个人却不见了。最后，曼德拉将目光落在了西苏鲁身上："这是一件大事，你必须去。不能让群众认为他们在前线抗争的时候，领导者却显得畏畏缩缩。"

他们很快到了博克斯堡市区，曼德拉和玉苏福·凯查理亚决定先给市长送一封信，告诉市长志愿者们将会非法进入他的辖区。

然而当曼德拉和玉苏福到了市长办公室楼前的时候，才发现西塔和西苏鲁等人已经带着志愿者在那里游行示威了。

市长很识趣地将曼德拉和玉苏福两个人请进了办公室，不过，对于窗外游行示威的志愿者们，警察没有留任何情面，将他们一一逮捕起来。

当天夜里，曼德拉和玉苏福召集会议，总结当天的成果并商讨下一步的行动。当他们完全策划好后，已经过了宵禁时间。警察发现了他们，就在曼德拉想要向警察解释他们夜晚并不打算举行抗议的时候，玉苏福就被警察抓捕了，紧接着便是曼德拉本人。解释已经没有了必要。

两个人被拷上手铐，送进了马歇尔广场的警察局。面对冷酷的警察，他们毫无畏惧，甚至在警车上唱起了《上帝保佑非洲》。那样岑寂的夜里，响彻一个民族渴望自由的声音，那是曼德拉个人的梦想，更是千千万万非洲人的梦想。

因为玉苏福是印度人，在严酷的种族法律规定下，印度人和黑人是不能关押在同一间牢房的。但这并不能难倒机智的曼德拉，他故作奉承地问站在旁边的尉级警官,"少校,可否请您帮忙将我的朋友和我关到一起,他不愿意住到监狱的印度人牢房去。"

"少校"的称呼让这位警官很是受用,虽然他嘴上说着"规定纪律"等,在办完手续后还是将他们关押在了同一间牢房中。

这是曼德拉第一次入狱,他没有害怕,没有惊慌,只是随之而来的事情让他颇为愤怒。

第二天一早,狱吏送来了早餐。黑皮肤的曼德拉惊讶地发现,黄皮肤的玉苏福的食物和自己的竟然完全不同:玉苏福有咖啡、面包和果酱,而自己只有玉米糊和水。他气愤地问狱吏,而狱吏则极为轻蔑地看了他一眼,咆哮着说道:"闭嘴!吃你的!"

除了这件事外,还有一件更令曼德拉气愤不已的事情。他们被塞进操场,其中一个人被一个年轻的欧洲警察用力一推,摔下了好几个台阶,导致脚踝骨折。义愤填膺的曼德拉立即提出抗议,却遭到年轻的警卫员像个十足的牛仔那样朝他腿上踢了一脚。

曼德拉怒不可遏,他和同伴们要求立刻送伤者就医,却得到对方粗暴的回答:"改天再提要求。"直到第二天,那名伤者在经过了一整夜的痛苦呻吟后才被送往医院。

入狱的经历,给了曼德拉很大的触动。这也更加坚定了他的信念,他誓要实现民族的平等,带领那些饱受压迫的非洲人走向希望与光明。

8. 戛然而止的道理

漫漫黑夜被星辰点亮,梦想让黑色的肌肤焕然生辉。所幸,曼德拉和玉苏福入狱后没几天就被释放了。

第二章 政治如空气一样无孔不入

在这之后的六个月中,全国各地的抗议活动都陆续展开,从大城市到小城镇,甚至一些农村地区也举起了抗议大旗。近万名志愿者加入了"非暴力不合作"的抗议活动,因故意触犯法律而入狱。

那时曼德拉刚刚拿到驾照(当时的南非,持有驾照并拥有私车的黑人是非常少的),便开车到全国各地进行抗议活动的宣传,动员更多的人加入到反抗的行列之中,甚至有时候还会挨家挨户地上门宣传。工作虽然辛苦,但对曼德拉来说却充满着诱惑,为了心中的愿望,无论有多少磨难,他都会勇往直前。

这样的宣传是对被愚弄的南非黑人灵魂的唤醒。他们从小就在白人政府要求的洗脑式教育下长大,对压迫早已习惯了逆来顺受。曼德拉要唤醒他们沉睡的反抗之心,为了全民族的解放事业共同努力奋斗。

在这场轰轰烈烈的抗议运动中,有上万人志愿加入到抗议的行列中去。很多人被抓进了监狱,不过一般关押几天之后就被释放,罚款也很少超过十英镑。激动的人们甚至走上街头,大喊"打开监狱的大门,我们要进去!"成千上万的志愿者们并不在乎这小小的代价,为了民族的独立与解放,他们激情昂扬,无所畏惧。

由于全国性抗议运动的开展,非洲人国民大会也得到了迅速的发展,成员人数从两万人迅速发展到十万人,抗议白人政府的力量得到了前所未有的壮大。

非洲人国民大会的壮大与全国性反抗政府压迫运动的高涨,使得一些人产生了通过反抗运动来推翻政府的想法。曼德拉始终是清醒而冷静的,他并不赞同这种方法。他觉得通过反抗运动来推翻政府的想法是不切实际的:"我们之所以发动反抗运动,并不是为了推翻政府,而是为了让政府明白我们的苦衷,归还我们应该拥有的权利。"这是曼德拉的想法,他所抗议的并非是政府的统治,而是种族的歧视。他要求的是一个平等的社会，一个自由的社会，只要政府能够归还黑人本来拥有的权利，他们就可以偃旗息鼓。

"非暴力不合作"的斗争方式可以用来表示抗议，但是却不适合推翻一个政权。毕竟，他们的力量与政府的力量相比是悬殊的。这一点，曼德拉看得很清楚。虽然他曾经是一个狂热分子，但是各种经历已经让他狂热的心渐渐沉淀下来，他的目光开始变得深邃而高远。

全国性的抗议运动渐渐达到了高潮。为了做好下一步的策划，曼德拉和计划委员会的成员前去请教了埃克苏玛医生。不管怎样，他和非洲人国民大会是站在一起的，阅历丰富的他毕竟比曼德拉等年轻人知道得多一些。虽然此前，他对曼德拉等人提出的运动方案有过质疑，甚至并不支持他们，不过如火如荼的运动已经颇见成效，埃克苏玛医生也只能接受这个现实了。

关于运动高潮的到来，埃克苏玛表达了自己的观点。他认为应该在运动达到高潮的时候适可而止。任何运动都会有高潮和低谷，过了高潮，随之而来的就是低谷。他警告曼德拉："如果你们继续运动，就会减弱运动所产生的社会反响。但是，如果你们在运动达到高潮的时候及时收手，就可以产生极大的新闻效应。"

戛然而止的道理，曼德拉也是明白的。然而这场轰轰烈烈的运动就像高速旋转的陀螺，一下子停下来是很困难的，何况运动得到了全国人民的支持，立即放弃这么好的运动形势，只怕很少有人做得到。

激情昂扬的抗议人群都相信，只要将运动继续下去，便很有可能迫使政府做出让步，种族平等的愿望也许马上就可以实现了。

在这种情况下，曼德拉也是充满矛盾的。他内心想让运动继续下去，然而他的理智告诉他，他们应该停下来。

第二章 政治如空气一样无孔不入

曼德拉向大家提出了停下来的主张,但是并没有引起人们的注意。看到抗议形势大好,曼德拉心中的天秤终于又出现了倾斜。他没有坚持自己的主张,任由运动继续发展下去。

正所谓水满则溢,月满则亏,紧随这场运动高潮之后的将是一个低谷。埃克苏玛医生的观点是正确的,曼德拉的主张也是正确的,然而可惜的是都没有得到执行。

人们继续沉浸在一片激昂的声音中,抱着种族平等的美好愿望,希望政府会做出让步。然而,等待他们的却是政府越来越残暴的镇压与反扑。

为了让抗议的群众平息下来,白人政府采用了"离间"的方式,让抗议的志愿者们自行解散。他们在报纸、广播等媒体上向人们宣传:"你们的领导在家里舒舒服服地享受,而你们却在监狱里受苦。"抗议的群众并没有经过什么远见训练,政府的离间对他们起到了一定的作用。

另一方面,白人政府还派出了大量的侦探到各处打探情报。非洲人国民大会向每一个想要加入的人都敞开怀抱,没有任何门槛限制,这给了侦探们可乘之机。他们混入非洲人国民大会中,打探情报向政府报告。

这样的侦探甚至曾经混到曼德拉身边。曼德拉被抓进监狱的时候,有一个叫马克汉达的志愿者给他行了一个非常标准的军礼。参加抗议的志愿者们没有经过正规军训,行礼大多很不标准。曼德拉对这个人产生了怀疑,但是毕竟没有确凿的证据,也不能妄加定论。

和大家相处的时候,马克汉达很热情,还经常帮着别人买鱼买肉。他人缘很好,大家也很喜欢他,对他的身份从未怀疑过。然而后来,人们得知了一个惊人的消息,马克汉达竟然是一名侦探中尉。

为了镇压参加抗议的志愿者们,白人政府出动了大量的警察,从各个方面进行打击，南非的反抗种族隔离政策的力量受到了严重的打击。

没有选择停止运动，这是非洲人国民大会的重要失误。对于曼德拉来说，也是一个重要的教训。在今后的斗争路上，这个深刻的教训将从反面指引着他，让他一步步向着成功与自由的道路迈进。

我把一生献给你
曼德拉传
NELSON ROLIHLAHLA MANDELA

第三章
不自由，毋宁死

1. 监狱是一所学校

瞬息万变的世界没有什么是静止的，好与坏总是不停地变换着各自的角度与身份。

轰轰烈烈的抗议种族歧视的运动，在经过了惊心动魄的高潮之后，便要面临跌入低谷的险境。

抗议运动陷入困境的原因是多方面的。首先是来自敌方的白人政府的打击，进而是政敌与白人政府的联合。合众党是当时南非的在野党，为了能在下次大选中赢得更多的选票，他们去找曼德拉等非洲人国民大会领导人商议停止抗议运动，结果遭到了拒绝。这样，合众党便理所当然地同马兰政府勾结到一起，共同打击抗议的群众。

曼德拉等人领导的全国性的抗议运动不仅规模宏大，而且纪律严明。志愿者们以"非暴力不合作"为抗议手段，没有对社会的恶意破坏，也没有对政府人员的恶性袭击。但当抗议运动发展到风口浪尖的时候，伊丽莎白港和东伦敦两大城市发生了暴乱，造成了40多人死亡的恶性后果。这件事情与反抗运动本来没有关系，然而政府却把它归咎于抗议者们，这使得一些原本支持抗议运动的人（包括白人）发生了动摇，对抗议运动产生了很不好的印象。

除了来自外部的压力，抗议群众和非洲人国民大会还面临着内部的矛盾。

深受白人的洗脑式教育影响的黑人们，在心理上是有着自卑阴影的。因为白人宣扬"白人至上"的论调，整整三个世纪，黑人都是处在被统治与被压迫的状态中，他们已经接受了"黑人不如白人"的荒谬观点。在这种思想的影响下，很多黑人认为与白人政府对抗无异于以卵击石，对这场运动持消极观点。此外，还有个别黑人为了金钱而甘愿充当白人的间谍，为政府通风报信。

在非洲人国民大会内部，还存在着不同的政治观点，甚至是权力的争斗。对于与共产党和有色人的联合，始终有人坚持着反对的论调。在抗议活动达到高潮时，一直坚持反对共产党和印度人的全国执行委员会成员塞洛佩·邰玛带领部分成员脱离了非洲人国民大会，成立了名为"民族意识团体"的新组织。他大肆宣扬非洲人与共产党、印度人彼此对立的论调，声称共产党已经把持了非洲人国民大会，并在报纸等媒体上散布开来。这些言论更加动摇了志愿者们的决心，也在非洲人国民大会中造成了严重的分裂。

为了控制局势，白人政府下达了一道禁令，限制了德兰士瓦省非洲人国民大会主席马科斯的行动自由。为了能让抗议运动正常进行，在德兰士瓦非洲人国民大会的会议上，已经成为青年团主席的曼德拉被提名接任马科斯主席职位。

这个位置很多人都在觊觎，所以得到提名的曼德拉立即遭到了他人的排挤，最典型的便是玛若坡。为了得到主席这个职位，他总是向人们不停地宣扬自己崇高的理想，"我等自由等得已经不耐烦了。要是让我见到马兰，我会告诉他，把我们被剥夺的自由立刻还给我们！"这样的言论也的确很有作用，他的知名度大为提高，支持他的人也越来越多。

不过，曼德拉对于这样的心机与伎俩却不屑一顾。真正心怀天下的人，是不会天天把"心怀天下"的理想挂在嘴边的，因为他们为了梦想始终在马不停蹄地奔波。

没有人在听你说什么，大家都在看你做什么。曼德拉的政绩是每个人都看得到的，所以支持他的人是最多的。最终，他战胜了玛若坡成为了德兰士瓦省非洲人国民大会主席。

第三章　不自由，毋宁死

为了唤起全国人民的支持，曼德拉依然到处宣讲，组织被压迫的人们共同起来反抗。他的行为无疑激怒了白人政府。1952年7月31日，曼德拉和莫罗卡、西苏鲁、马科斯、玉苏福等多名主持抗议运动的领导人以"涉嫌违反《镇压共产主义条例》"的罪名被捕。

9月份，他们在约翰内斯堡受审。当天，大批游行示威的群众赶到法庭外面，将法院团团包围。

按照规定，他们将会统一聘请律师，为他们做无罪辩护。然而让所有人都大失所望，更让非洲人国民大会蒙羞的是，身为主席的莫罗卡竟然单独聘请了律师，为了能得到从轻处罚，他决定放弃非洲人国民大会坚持抵制的原则，承认黑人与白人不平等的地位，并指证西苏鲁、多达是共产党人。

对于非洲人国民大会来说，这不仅仅是一场重要的损失，更是一个奇耻大辱。

当年的12月，曼德拉等人被法庭判决犯有"法定共产主义罪"，判处九个月监禁，缓期两年执行。缓刑期间，曼德拉不能离开约翰内斯堡，不准参加任何会议，不能同时和两个或两个以上的人进行交谈。

这是对曼德拉人身自由的极大限制。不过，他与非洲人国民大会成员依然保持着密切的联系，每次会议，都会有人前去告知他会议的主要内容。

虽然这场轰轰烈烈的运动遭到了政府的残酷镇压，但是相对于5月1日的运动来说还是很成功的。这是非洲人国民大会第一次尝试在全国范围内举行政治性大罢工，对曼德拉的一生乃至南非整个国家都有着深远的影响。6月26日被人们称为"国庆抗议日"，至今仍为人们津津乐道。

曼德拉说，国庆抗议日鼓舞了我们的士气，使我们看到了自己的力量，给马兰政府传递了一个警示：我们不会在种族隔离面前一直保持被动。

这次抗议运动让曼德拉信心大增。曾经年少无知的他也为自己黑色的皮肤而感到自卑,甚至发誓做一个黑皮肤的白人。多年过去,历经风雨的他再也没有了曾经的自卑,反而充满了自信,甚至为自己黑色的肌肤而感到骄傲。肤色是不能判定一个民族优劣的,每个人,每个民族,都是生而平等的。

轰轰烈烈的运动中,我们也看到了一个年轻人成熟的目光。这是曼德拉第一次在全国性的运动中担任重要角色,运动前周密的计划与运动中详细的部署都让曼德拉切身感受到了通往成功之路的步调,成功的喜悦,更激励着他一步步向前。

2. 曼德拉方案

岁月的长河川流不息,就算是惊涛骇浪,曼德拉逐梦的脚步也绝不会停止。

被限制了人身自由的曼德拉虽然不能自由行动,但是他的心始终是活跃的。非洲人国民大会遭到政府的镇压,许多领导者被逮捕,前主席莫罗卡的背叛更是使非洲人国民大会雪上加霜。在这样的困境下,他们必须做出调整,选举新的领导者来填补已经空缺的位置。

1952年年底,非洲人国民大会召开会议。在这次会议上,阿尔伯特·鲁图利酋长取代了莫罗卡的位置成为了非洲人国民大会的主席。

鲁图利出身于黑人基督教家庭,从小就读于教会学校。他的家族从其祖父开始皈依基督教并担任酋长。鲁图利在纳塔尔的亚当学院毕业后开始从事教育事业,长达17年。1936年,他当选为格鲁特维尔酋长。担任酋长期间,他深刻地了解到黑人所承受的压迫。白人政府所制定的不合理的法规制度如同一座座大山压在黑人的脊背上,经济上的剥削,更是让黑人的生活跌入黑暗的深渊。亲眼目睹了这一切,他决定要为黑人的解放而奋斗。1946年,他成为"土著代表议事会"的成员,1951年开始担任非洲人国民大会的纳塔尔分会主席。

在鲁图利参加这次会议之前,政府曾禁止他参加非洲人国民大会的选举会议,否则就要撤销他的酋长职位。但鲁图利还是参加了这次会议,于是政府撤销了他酋长职位。而他并不后悔自己的选择,他认为在追求民族解放的路上免不了牺牲,如果能够用自己小小的牺牲换来整个民族的自由独立,他在所不惜。

遗憾的是,遭到政府封禁的曼德拉未能出席这次会议。不过,他的威望已经在人们心中树立起来,在他没有在场的情况下,他当选为非洲人国民大会副主席(共4个副主席),并被全国执行委员会任命为第一副主席。

曼德拉是有远见卓识的人,他看到共产党组织遭到政府的强制解散,毫无准备的共产党遭受了巨大损失,他感到如果这样的厄运也降临到非洲人国民大会头上,那么后果是不堪设想的。出于这份考虑,曼德拉向非洲人国民大会提出了一个方案,以便在非洲人国民大会一旦被宣布为非法组织或强行解散时,非洲人国民大会依然能在暗中正常运转。

这套方案被称为"曼德拉方案""曼德拉计划""M"计划(M即曼德拉名字的第一个字母)或"曼氏方案",其重点在于建立健全高效的基层组织。非洲人国民大会的所有成员以家庭为单位,每十家为一个基层组织,设一位负责人,一个街区的基层组织再设一位负责人,再往上是区级组织、省级组织。基层组织负责人负责召集会议、传达非洲人国民大会的旨令、开展政治学习等事宜,由底层到高层,每一个区域都有负责人指导。

在领导"国庆抗议日"运动时,曼德拉的个人领导能力、组织能力等都有了迅速的提高,大量地阅读共产主义书籍,使他的视野也更加开阔起来。能够做出"曼德拉方案"的精详策略,也正是他个人能力提升的重要表现。虽然曼德拉并没有信仰共产主义,但在心理上是接受并认同马克思主义的,"曼德拉方案"正是在吸收了共产党组织运作的精髓之下提出来的。

"曼德拉方案"使非洲人国民大会更加团结,运作效率也大为提高。非洲人国民大会在这个方案下真正具备了动员全国黑人的实力,也正是这个原因,白人政府对非洲人国民大会这个组织更加感到惶恐,寝食难安。

最重要的是,"曼德拉方案"使那些被限制了人身自由的领导者和组织依然保持着密切联系,他们可以继续领导活动,指引人们向着正确的方向前进。为了避开政府的眼线,他们可以秘密召开会议,会议的内容也能秘密向下级传达。

此外,"曼德拉方案"还考虑到了对会员的政治培训,让入会者能够更好地了解组织的纲领纪律及主要精神,通过政治教育使他们明白斗争的意义,齐心协力团结一致。《我们生活的这个世界》《我们是如何被统治的》《变革的必要性》这三本书便是他们进行政治教育的教材。

"曼德拉方案"对非洲人国民大会及整个民族解放斗争都是非常有益的。后来曼德拉等非洲人国民大会高层领导者几乎全部被囚或流亡国外,非洲人国民大会依然在南非黑人中具有无与伦比的影响力,正是这个方案起了重要作用。

这个方案在全国各地得到了较快的实施,效果很好。1953年6月到9月,非洲人国民大会分别在索非亚城、杰米斯敦、克利普敦以及比诺尼召开地区会议，与会者明显增多，这也证明了方案的成功。

虽然很多人非常支持"曼德拉方案"，但是反对的声音也一直存在，所以在实施的过程中并不是一帆风顺的。要彻底落实这个方案，单靠一些业余的时间是远远不够的，必须做大量的组织工作，才能让人们更加信服。然而，大部分会员都在忙于自己的日常工作，很难有时间来承担非洲人国民大会的职责。另外，他们也面临着经费问题。方案中涉及到的管理者需要给他们发放工资，管理者增多，这一笔开支也自然增大。支付这一笔庞大的数字，对于非洲人国民大会来说是比较困难的。

另外，在实施的过程中他们还曾遭到过一些人的抵制。他们认为这个方案是一种上级控制地方的集权行为。在后来曼德拉的自传中，他也承认了这个计划实施得并不理想。为了能使这个计划完成得更好，1953年9月21日，在非洲人国民大会德兰士瓦地区的会议上，他还曾向会员发出呼吁："以自己双倍的努力切实地、出色地完成这个计划。通过艰苦、紧张的工作，通过各个地区一家一户的动员，来发展会员和加强组织。"

"曼德拉方案"是曼德拉一生中重要的一步，同样也是南非民族解放运动中的重要一步。正是因为这次曲突徙薪的计划，曼德拉与非洲人国民大会在以后风雨飘摇的岁月中才能岿然不动。

"我永远相信只要永不放弃，我们还是有机会的。"

3. 步步艰难

不要只因一次失败，就放弃你原来决心想达到的目的。

无论是多么伟大的英雄，也都是有血有肉的平凡人，他们有着光辉的形象，但是也离不开柴米油盐的生活。

已经成为非洲人国民大会青年团主席、非洲人国民大会德兰士瓦主席及非洲人国民大会全国第一副主席的曼德拉，依然要为生活而艰辛奔波。

经历了一系列的政治事件，曼德拉虽然人身自由受到极大限制，但是终于能好好地和家人在一起。那时他已经是两个孩子的父亲，妻子伊芙琳做实习护士的薪水根本不能解决家中的经济问题，养家糊口的重任自然落在了曼德拉的肩膀上。他一面要忙于政治工作，为黑人的解放而呕心沥血，一面又要顾及妻儿，撑起一个家庭的脊梁。

曼德拉在原来的律师事务所的合同期满后，又去了几家其他律师事务所。在这段时间里，他不仅拥有了丰富的律师经验，而且考取了律师资格证，成为了一名真正的律师，同时也是南非历史上第一位黑人律师。

有了丰富的工作经验，曼德拉对律师事务所的运作模式也有了详细的了解。他决定与在另一家律师事务所工作的坦博合办一家律师事务所，他们为其取名为"曼德拉—坦博律师事务所"，这也是南非历史上第一家黑人律师事务所。当时，律师事务所都是白人开办的，在收费上也实行双轨收费的制度，黑人不仅要缴纳高额的费用，而且总是饱受歧视。

曼德拉—坦博律师事务所给广大黑人带来了希望。到这里来的大多是黑人，有约翰内斯堡的贫苦黑人，也有来自遥远村落的黑人老妪。他们所代理的案子基本都是和人权有关的，请求援助的黑人所触犯的法律几乎都是种族隔离法律，比如不小心用了只有白人才能用的水龙头洗手，误入只有白人才能穿过的大门，不小心乘了只有白人才能乘坐的车，在不能雇佣黑人的地方被雇佣……

第三章 不自由，毋宁死

在严酷的种族隔离法律下，这些行为都是违法的。在曼德拉还没有成为真正的律师之前，也曾经不小心触犯过这样的法律。他因为没有看到指示牌误入了只有白人才能进的厕所而被逮捕，所幸很快就被释放出来。

处在一个提倡种族歧视的政府统治之下，想要为触犯法律的黑人申辩，其难度可想而知。就像曼德拉自己所说："在南非，当律师意味着在一种恶劣的法律制度下工作。那不是一种神圣、平等的法律制度，而是一种根本无平等可言的法律制度。"

作为辩护律师的曼德拉在法庭上也常常遭受歧视，纵然他有着极强的申辩能力，纵然他可以口若悬河地陈述正当的理由，他所面临的往往还是淡漠，甚至冷嘲热讽。

在法庭上，白人律师和被告人经常拒绝回答曼德拉的质问，法官也经常刁难他，甚至将他赶出法庭。有一次，在开庭前曼德拉按着惯例介绍自己的律师身份，法官竟然说不认识他，还要求他出示律师事务所的营业执照。作为南非第一位黑人律师，几乎所有的法官都知道他。面对法官的故意刁难，曼德拉只能理智地请求先开庭，休庭时再回去取营业执照给他看。那位法官却说什么也不答应，最后竟将曼德拉赶出了法庭。

这件事让曼德拉异常愤怒。他将那位法官上诉到最高法院，最高法院召开庭审会主持了公道，那个百般刁难曼德拉的法官遭到了斥责。

虽然曼德拉经常遭受各种刁难，甚至饱受种族歧视的压迫，但是律师事务所业务很好，每天都案源不断。

曼德拉的名气就像长了翅膀一样，快速传遍了整个约翰内斯堡。大家都知道，黑人中出了一位律师，为反抗种族隔离做着坚持不懈的努力，并总是能在法庭上保护受害黑人的权益。一有曼德拉出庭辩护的消息传出，人们总是奔走相告，很多人跑到法庭的公众席看曼德拉在法庭上做精彩的辩护。

每次出庭，曼德拉总是着装整洁地出现在法庭上。他的嗓音圆润而洪亮，不仅气势磅礴，而且不乏技巧，他那精明的盘问技巧更是出名。有时候，他还会故意拉长盘问的时间，使得警方证人在证人席上一站就是好几个小时。

在维护黑人权益上，曼德拉从不让步，不论是自己的还是他人的权益，他都会极力维护。每次进入法庭，他总是喜欢走标志着"限于欧洲人使用"的入口。有一次，那个白皮肤的法庭门卫看到曼德拉从欧洲人的专用入口进入法庭，立即非常恼火地向曼德拉咆哮道："你在这儿干什么？"曼德拉则不慌不忙，他从门卫的面部结构已经断定他是一个混血人的后代，便从桌子旁边将头靠过去，一双眼睛死死地盯住那个门卫的双眼，幽幽地反问道："你在这儿干什么？"

曼德拉为人幽默，即使在严肃的法庭上也常常以幽默的口吻引得人们哈哈大笑。有一次，他为一个被指控偷了女主人衣服的黑人佣人做辩护。开庭后，他扫了一眼起诉人桌上的一大堆作为"证据"的衣物，然后不慌不忙地从里面拣出一双长筒袜，先向法官和在场的所有观众展示了一圈，之后又淡定地问那位女主人："这是您的吗？"当着那么多人的面，女主人实在不好意思承认是自己的，只好满脸通红地说："不是。"顿时，观众席上哄堂大笑，就这样这个案子在一片笑声中了结了。

中国有句老话："人怕出名猪怕壮。"出名的人也往往会成为反对势力迫害的对象。政府意识到曼德拉这位已经声名鹊起的黑人律师也许会对他们的种族隔离政策有影响，竟然授意德兰士瓦律师协会以"曼德拉参加政治活动"为由，向最高法院申请取消曼德拉的

第三章 不自由，毋宁死

律师资格。

所幸，白人律师中还是有很多充满正义感的人。他们认为如果因为政治信仰而取消一个人的律师资格，这不仅是对一个黑人律师的不公，也是对所有律师的不公，甚至是对整个律师行业的不公。

他们深知，如果律师协会今天能够随随便便找一个理由就取消一名黑人律师的律师资格，明天也会随随便便找一个理由来取消他们看不顺眼的白人律师的律师资格。

最终，因为大家齐心协力的抵制，律师协会的阴谋没有得逞。在最高法院的法庭上，曼德拉的辩护律师表现得非常出色，主审的法官拉姆斯鲍特姆也认为律师有权利坚持自己的政治信仰，哪怕是反政府的，也是曼德拉个人的自由权利。他驳回了法律协会的申请，并要求他们支付诉讼费。

这件事让曼德拉意识到，即便是在充满种族歧视的南非，职业上的团结有时候也可以超越肤色的界限。

不过，曼德拉所面临的困难远远不止这些。已经成为政府的眼中钉、肉中刺的曼德拉，每时每刻都要准备迎接政府的当头棒喝。律师事务所开办还不到一年，他们便遇到一个非常棘手的问题。政府颁布的《城市住区法》中规定，在城市市区想要获得经营场所的资格，就必须进行申请。曼德拉在申请的时候遭到了拒绝，后来根据《城市住区法》申请到了一个临时许可证。如果在临时许可证到期之前，还没有申请到下一个临时许可证，他们的律师事务所就要被迫搬迁。

让曼德拉—坦博律师事务所赶紧搬离约翰内斯堡，这是政府迫不及待的事情。他们拒绝为曼德拉办理新的临时许可证，甚至蛮横地要求他们把律师事务所搬到黑人无法到达的地方。

这样恶劣的环境，把曼德拉—坦博律师事务所的生存空间完全堵死了。他们的经营场所，终被政府非法强占。

对于曼德拉来说，这无疑给了他沉重一击。看着自己苦心经营的律师事务所被政府轻而易举地摧毁，就像失去了自己的孩子一般，他的痛与愤怒，是可想而知的。

4. 主席台上的歌声

不管梦想是什么，只有带着淡然的态度，做好当前的事情，才能如愿以偿。

在距离约翰内斯堡4英里（约6.5公里）的地方，有一个叫做索菲亚顿的居民区。由于大量白人涌入城市，为了解决他们的住房问题，政府委托开发商在索菲亚顿新建了一批廉租房。然而在验收的时候，白人当局对其建筑质量不满，认为不适合做白人的廉租房，便没有为其提供市政支持，也没有为其修建下水道等设施。开发商便将房子卖给或租给了很多黑人打工者。

在经过一段时间后，很多黑人都已经通过合法手段取得了所居住房的产权。

索菲亚顿地理位置优越，又是个美丽富饶的地方，而且房子价钱也相对便宜一些，很快便吸引了大量黑人前来定居，人数从近六万飙升至十万。那里成了黑人的乐园，也成了白人政府觊觎的地方。

白人当局在发现了索菲亚顿的好处后后悔不已。他们觉得这么好的地方，应该由白人来居住，不能便宜了那些黑皮肤的人。

政府以"清除贫民区""改善城市面貌"为理由，强制要求黑人必须离开索菲亚顿，并在距离市中心20多公里的郊区牧场安置了一块新的地方，供给搬迁的黑人居住。

第三章　不自由，毋宁死

黑人们不愿意背井离乡，但是迫于政府的高压，他们也无可奈何。面对这样的压迫，非洲人国民大会、德兰士瓦印度人大会和当地纳税人协会决定联合起来反抗政府的强制搬迁行为。

为了商讨对策，他们决定在索菲亚顿奥丁电影院召开会议。恰好曼德拉刚刚解除封禁，便被安排在大会上发表讲话。

就像一条被封锁多年的蛟龙一般，此时的曼德拉是兴奋而激动的。就在他到达电影院的时候，忽然一个警察走过来，好像终于抓住了他的把柄一般，不无得意地说："曼德拉，你竟然敢在封禁期间擅自出来参加集会！我宣布你被捕了！"

很明显，那个警察还不知道曼德拉已经解禁了。就在他气势汹汹地要把曼德拉带走的时候，曼德拉淡定地回应道："亲爱的，如果你在没有弄清楚我是否已经被解禁之前就抓捕我，很容易犯错误的！"

这句话让警察吃惊不小。他只好不情愿地放了曼德拉，看着曼德拉大步走上了主席台。

这仅仅是一个开始，警察们的干扰远远没有结束。在电影院里，那些白人警察端着机枪傲慢无礼地来回踱步，不管主席台上的人是谁，他们都是满脸的鄙夷与不屑。这样的举动早就引起了人们的不满，但是大家也不能招惹他们。

正所谓"欲加之罪，何患无辞"，就在玉苏福在台上演讲的时候，警察将他从台上拽了下来，连同其他几名领导者一起逮捕了。警察的野蛮行为让会场内的人义愤填膺，这样混乱的局面如果得不到控制，警察也许便会开枪。

这时候，急中生智的曼德拉跳上主席台，高声唱起歌来："索菲亚顿是我们的家，我们不想搬迁……"

歌声往往比语言更有感染力。在听到曼德拉的歌声后，骚动的人们渐渐安静下来，并和他一起唱起了抗议之歌。

终于，混乱的局面在一片歌声中得到了控制。

大概是被封禁得太久，积压了许久的热忱如同潮水般轰然决堤，这让曼德拉有些狂热。在这次会议之前，他就发现"非暴力"的抵抗方式已经越来越不起作用，白人政府没有任何的同情心，对那些饱受苦难的人始终是漠视的。白人当局不仅没有因为黑人的反抗而有所收敛，反而变本加厉地压迫着、剥削着，并对人们的抗议运动施加残酷的镇压。他们禁止任何印刷厂印刷反对种族隔离的宣传资料，禁止任何报刊登载相关信息，如果有敢违反，便会被迫关门。

在这种情况下，"非暴力"的反抗方式只会影响越来越小。曼德拉意识到，"非暴力"的斗争方式已经过时了，他们需要采取暴力斗争，才能彻底反抗白人当局的残酷压迫。

当骚动的人群渐渐安静下来，曼德拉就开始了煽情的演讲。讲话之初，他还是心平气和的，讲到激动处，便情不自禁地高昂起来。因为"暴力斗争"的想法已经在他心里发了芽，便情不自禁地将这种斗争方式也宣布出来："政府是惧怕非洲人的力量的，而我们被动反抗政府的时代也已经结束，想依靠非暴力来推翻少数白人统治的斗争策略是行不通的。只有暴力才能够消除种族歧视，我们会在不久的将来拿起武器与敌人作战！"

人们听到后兴奋不已，雷鸣般的掌声、欢呼声响彻着整个会场。接着，曼德拉又唱起了《自由之歌》："有敌人，逼迫我们拿起武器，对他们展开攻击……"

被压迫许久的激情与斗志，在歌声中如洪水般倾泻着。

唱完歌，曼德拉看到会场里的四个警察，一种愤怒便立刻冲上头顶，他指着那四个警察向着激愤的人群说："那里有四个警察！"

这几名刚刚还飞扬跋扈的警察看到这样的状况，早已体如筛糠，但他们还是尽量保持着镇定。其中一个有些愤怒地指着曼德拉说："曼德拉,你要为你的言行付出代价!"

所幸,他们仅限于口头上的一些争论,并没有动起手来。

在这次会议上,曼德拉的表现的确有些过于激动。过后,他遭到了非洲人国民大会的批评,大家都觉得他的言行过于偏激。不过,曼德拉还是坚持着自己的想法,认为"非暴力"的斗争手段已经过时了。只有采用暴力斗争,推翻白人政府,黑人的苦难才能彻底解除。

要及时把握梦想,因为梦想一死,生命就如一只羽翼受创的小鸟,无法飞翔。

5. 一个被囚禁的人

刚刚得到解禁的曼德拉,情绪上是比较激昂的。虽然遭到了非洲人国民大会的批评,但是他依然坚持着"暴力斗争"的观点。

多次的斗争,让曼德拉意识到政府总是在想方设法让一切合法的抗议方式变得非法化,这使得被压迫的人们已经没有了表达自己诉求的通道,即便政府知道了他们的诉求,也不会给予解决。曼德拉说:"无论是合法的,还是宪法之外的规定都遭到禁止,我们除了诉诸暴力,别无选择!"

有一次,他得知非洲人国民大会中的个别领导如鲁图利酋长、马修斯教授等想要和组建自由党的白人见面,便在会议上公然责备了他们,还要求他们提交一份和自由党见面内容的报告。

鲁图利酋长等人本来是以个人名义参加见面的,所以拒绝提交报告。

狂热而激愤的曼德拉便继续指责道："你们算什么领导？你们是不是惧怕白人？你们难道把和白人的合作看得比和自己人的合作还重要吗？"

这番话让鲁图利等人非常生气。鲁图利酋长回应道："如果你感觉我害怕白人，我愿意辞去非洲人国民大会主席职务。"

这样的话让曼德拉感到有些害怕，也意识到自己有些过火了。意识到错误的曼德拉，赶紧向鲁图利酋长等人道了歉，并收回了自己的指责。

后来，西苏鲁被邀请去参加在罗马尼亚首都布加勒斯特召开的"世界青年联欢节"，因为时间仓促没来得及向执行委员会汇报，曼德拉便私自为他办理了证明身份和国籍的代用护照，并建议他顺路到社会主义的中国访问一下，看看能否为他们提供暴力斗争需用的武器。

这件事无疑像一枚重磅炸弹般引起了非洲人国民大会的强烈争议。鲁图利酋长等人认为这是无视非洲人国民大会的存在，甚至有人提出要处分曼德拉和西苏鲁。所幸，后来这件事也不了了之。

曼德拉的大胆行为多次遭致执行委员会的警告，告知他的危险言行将会给组织遭致灭顶之灾。冷静下来的曼德拉也意识到了这一点，回想起那段岁月，他这样说："那时候，我是一个狂热的革命主义者，总试图做出具有战斗性质的行为来替代自己的无知。"在以后的公开言论中，曼德拉又回归了"非暴力"的斗争方案。不过，他心里还是觉得"非暴力"并不是解决问题的唯一方式。

曼德拉的一言一行，不能不让白人当局产生惧怕。虽然曼德拉在公开言论中重新主张"非暴力"，但是此前他主张暴力推翻政府的言论还是传到了白人当局的耳朵里。不管是暴力还是非暴力的，曼德拉的目的是一样的——反抗政府的压迫，实现民族自由与解放。

第三章 不自由，毋宁死

也许是出于一种先下手为强的心理，白人当局决定强迫曼德拉退出政治舞台。1953年，政府宣布曼德拉违反了《镇压共产主义条例》，强迫他退出非洲人国民大会，并再次对他实行封禁，禁止他出席一切会议，时间长达两年。为此，非洲人国民大会也不得不解除了曼德拉的一切职务。

这对曼德拉来说无疑是一个晴天霹雳。他不得不结束了在非洲人国民大会长达十年的政治生涯。在那里，他从一个小小的会员一步步走上第一副主席的位置，每一步都伴随着血汗。一个小小的禁令，却毁掉曼德拉多年来的艰辛努力，这些年来的成就，竟一瞬间分崩离析。

曼德拉说："在非洲人国民大会的十年里，是我政治觉悟与成长的时期。在这个时期，斗争成了我的生命。无论怎样，他们妄图阻止我斗争的行为都是徒劳的！不论是光明正大，还是在私底下，我依然会坚持我的斗争。"

这就是曼德拉，一个永不止步的勇敢斗士。

然而，斗争的首要条件是人身自由。而现在，曼德拉却不能自由地去做自己想做的事情。回家的路上，曼德拉被愤怒与困苦萦绕着，奥兰治自由邦的美好风光再不能让他感到神清气爽，无论天空多么晴好，在他眼里都变成了灰色。

随后，德兰士瓦非洲人国民大会召开会议，遭到封禁的曼德拉也不能出席。不过，他依然对这次会议非常关心，并写了发言稿，让执行委员会的成员替他在会议上进行了宣读。遭受政府打击的曼德拉重燃了暴力斗争的想法，并在发言稿中有所体现："政府颁布的新的种族歧视法律，使得我们的示威、抗议、静坐等斗争方式都变得非法，他们还通过控制白纸和印刷公司来阻止我们的宣传，如果我们一味采取旧的、保守的斗争方式，无异于自杀。现在呢，我们必须团结起来，采取新的斗争方式。"

推翻白人政府的统治，已经成为曼德拉心中最大的愿望。

在被封禁的岁月里，曼德拉虽然在行动上受到严格的限制，但是无论多么坚固的樊笼，都不能监禁一颗向往自由的心。曼德拉的思想始终没有停止前进的脚步，每一次经历，都让他积累下宝贵的经验。他曾为左翼刊物《解放》撰写文章，并成为月刊《战斗言论》的编委。对梦想的追求，在他的笔尖涓涓流动，黑人贫苦的生活也在他的笔下如实呈现出来：

人民的生活条件日趋恶化并正变得无法容忍。他们的购买力逐步下降，而生活费用却在猛涨……他们穿不够穿，住没处住，也没钱看病。他们得不到领取失业、生病、伤残和老年救济的权利。即使拿得到津贴，那点钱也不能维持生计。正因为缺乏适当的医疗条件，我们的人民受到肺结核、性病、麻风病、糙皮病和婴儿高死亡率这类命魔的侵袭……

遭受封禁的曼德拉只能在约翰内斯堡市内活动，严格的人身自由限制，让多年后的曼德拉回想起来依然历历在目："现在，想起那次行动自由被限制，还感觉跟发生在昨天一样，对我影响极大。"

一般情况下，人们对曼德拉还是友好的，并不会因为他遭受了政府的封禁而躲避他，不过因为这一点而躲避他的人也确实存在。有一次，曼德拉在福克斯街碰到了一位叫本杰明·约瑟夫（Benjamin Joseph）的律师，他向曼德拉走过来，走近的时候，压低了声音对曼德拉说："纳尔逊，别跟我说话，赶紧走，千万别跟我说话。"

这也是曼德拉碰到过的唯一躲避他的人。

约翰内斯堡这座喧嚣的城市，对于曼德拉来说却更像是一个繁华的监狱。在这样的生活持续了一段时间后，曼德拉像是得了幽闭恐惧症一般，都快要窒息了。那时的他是多么渴望能呼吸到一点新鲜的空气啊。他的眼前，经常会浮现家乡的辽阔的草原、青翠的山峦、嫩绿的小草和树木、起伏的山脉和深深的峡谷，还有那勇往直前、冲过悬崖流入大海的溪流。然而无论有多少向往，他终究还是要面对困厄的现实。

6. "从我们的尸体上跨过去"

每一个伟大，都会有争议；每一次完美，都有无穷的缺憾。

曼德拉在第一次封禁被解除后参加的会议，就是为了解决索菲亚顿人民搬迁问题而召开的会议。因为当地的非洲人都拒绝搬迁，政府自下达搬迁通知后持续了好几年也没有搬迁成功。

因为这件事，从 1954 年到 1955 年，每周的星期三和星期五晚上都举行大会。大会上，演讲者一个接着一个走上讲台，谴责政府的搬迁计划。尽管如此，政府还是下了最后通牒，强制要求索菲亚顿的非洲人在 1955 年 2 月 9 日进行搬迁。

为了抵制政府的强制搬迁命令，非洲人国民大会和纳税人协会以书信和请愿书的形式向政府发出抗议。他们以"从我们的尸体上跨过去"为口号，展开了轰轰烈烈的抵抗搬迁运动。每次召开会议，这个口号都成为台上演讲者和台下听众的共同心声。

这个口号表达着他们誓死保卫家园的决心。一天晚上，向来谨小慎微的埃克苏玛喊出了震撼人心的、19 世纪以来联合非洲战士参加战斗的口号 "Zemk inkomo magwalandini"（胆小鬼，敌人抢夺了我们的牛）。

随着最后期限的到来，大家的行动也都越发紧张起来。曼德拉和坦博几乎天天都要会见当地的领导人，商讨行动计划，并从律师的角度来为那些已经被赶走或遭起诉的人出谋划策。他们试图向法庭证明，政府的文件是错误的，政府颁发的指令也是非法的。不过，他们也知道，这仅仅是权宜之计，无非是在拖延时间。

时间一天天过去，紧张的氛围几乎让人窒息。他们计划在自由广场召开一个特别大会，届时会有一万人集中在一起听鲁图利酋长的演讲。然而，鲁图利酋长刚到约翰内斯堡，政府的禁令就如一盆冷水般浇到他的头上，强迫他返回纳塔尔。

搬迁前夜，非洲人国民大会领导中最热心的领导人之一乔·毛迪斯召集了一个500多名青年积极分子参加的紧急会议。直到此刻，他们觉得再也不能以"非暴力"的方式来反抗政府的压迫了。大家都希望非洲人国民大会下达命令，向政府宣战。只要非洲人国民大会同意了，他们就连夜修筑防御工事，第二天用武器和手中任何可以拿到的东西与警察对抗。人们在激愤中高呼着："只有跨过我们的尸体，索非亚顿才能搬迁。"

非洲人国民大会也召开了紧急会议，经过充分讨论后，多数人还是不赞成与政府发生武力冲突，包括曼德拉。他们相信暴力将会是一场灾难，毕竟，非洲人国民大会与政府的力量相差悬殊，而且他们也没有做好充分的准备，他们深知"一个武装行动需要认真策划，不然就无异于自杀"。

这样的结果让那些蓄势待发的积极分子感到分外失望。他们甚至觉得，非洲人国民大会背叛并抛弃了他们。乔·毛迪斯对这样的结果虽然深感失望，但是他很理智。他也知道非洲人国民大会所面临的情况，只好劝说激动的青年们冷静下来，告诉他们还不是拿起武器战斗的时候，还需要从长计议。

2月9日这一天终于到来了。天刚蒙蒙亮，4000多名警察和部队士兵就封锁了索非亚顿，并有大量的工人前来把房子强行拆毁，

第三章　不自由，毋宁死

那些祖祖辈辈住在这里的人们亲眼看着自己的家园被无情拆毁，却什么也做不了。政府派来了卡车，将住户们从索菲亚顿搬到预先规划的牧场去。

在此之前，非洲人国民大会已经把几家住户安排到了事先安排好的市内前非洲人国民大会人士的家里。不过，这些努力相对于广大搬迁户而言只是杯水车薪。

军队和警察对搬迁的人们进行着残酷的镇压，只要有人敢反抗，便会立即遭到警察的威胁。有很多地方领导人在反抗的过程中被封禁甚至被逮捕，面对政府的强大压迫，没有足够力量去反抗的非洲人最后只能选择忍受。

那些祖祖辈辈住在索菲亚顿的人们，眼睁睁看着自己的美丽家园毁灭在轰隆的卡车和大锤声中。翻飞的尘土迷了他们的眼睛，愤怒也在那烟尘中弥漫着。

事后，曼德拉意识到，他们最初制定的口号"从我们的尸体上跨过去"本来就有着极大的鼓动性，回想起这场抗争，他发现"我们暴露出许多缺陷"，同时也"得到了许多教训"。人们因为这句口号而误以为要誓死反抗这次搬迁，所以当人们不被允许采取暴力反抗的时候，他们是失望甚至是绝望的。很多人都准备着誓死反抗，然而非洲人国民大会却没有准备那样做。"一个口号是组织与其试图领导的群众之间的重要纽带，理应把特定的、愤愤不平的感情融入简明扼要的语言中，借以动员人民去战斗。"显然，"从我们的尸体上跨过去"这个口号并没有完全具备这样的条件。

很多人认为非洲人国民大会是以牺牲租户的利益为代价来保护房主的利益。许多租户还是愿意搬迁的，因为新居会更宽敞明亮，比自己原来的房子好一些。而拥有房产的房主往往不愿意搬走，房子是他们的重要财产，加上多年来居住在这里的感情，更是不舍得离开。

不管怎样,这场抗议终究以失败告终。曼德拉也从中得到了重要的教训:我们始终没有别的办法武装起来进行抵抗。我们一次又一次地使用我们"武器库"内所有的非暴力武器,例如演讲、派代表团、威胁、游行、罢工、自愿去坐牢。这些"武器"都没有效果,因为不管我们采取哪种方式都会遭到铁拳的打击。

7. 一杯毒水

对于一个民族来说,掌握知识的程度与其发展状况往往是成正比的。

知识是开启一个人灵魂的金钥匙,是其命运之舵。在白人政府统治下的南非,黑人的受教育权利受到了极大的限制。白人上学都是免费的,而黑人只有在初年级的时候才是免费的。在这种情况下,很多黑人孩子根本上不起学。白人认为黑人天生就是愚笨的,他们不具备学习高级而复杂知识的头脑,只能培养成白人的奴隶,为自己当牛做马。

不仅如此,黑人接受的还是洗脑式的教育,这种教育让他们忘记自己的民族,忘记自己的尊严,让他们从小就形成一种"白人至上"的观念,对白人的压迫不憎恨,反而觉得是理所当然。

为了进一步推广种族隔离制度,对黑人实行愚化教育,1953年,白人政府颁布了《班图教育法》。这部法律的主要目的就是把种族隔离的"图章"加盖在非洲人的教育事业上。该法律把非洲人的教育管理权从教育部转到当地事务管理局。不仅如此,法律中还规定由教会和传教机构负责的非洲小学和中学可以选择交给政府,或者接受逐渐减少的补贴，或者由政府接管对非洲人的教育，或者取消对非洲人的教育。

在非洲人接受的教育中，教会学校所提供的教育是相对较好的，曼德拉便是教会教育的受益者之一。白人当局要限制教会学校向非洲人提供教育，相当于把非洲人获取相对正常的教育仅有的一道窄门也要堵死。

颁布法律之前，政府预料到此举会遭致非洲人教师的批判，所以顺带着规定"非洲人教师不得批评政府或学校当局"。

班图教育部长亨德里克·沃尔沃德对这个法律解释说："必须根据其生活中的机遇进行培训和教育。"曼德拉对沃尔沃德的这句话进行了进一步解释："非洲人没有并且将来也没有任何机会，那么，为什么要教育他们？"

白人政府希望通过这部法律将非洲人训练成奴仆，处于终身附属于白人的地位，并从总体上阻止非洲文明进步。

对于非洲人及非洲人国民大会来说，这是一个非常险恶的法律。如果这部法律获得通过，得不到正常教育的非洲人在以后的岁月里不仅要承受日复一日的压迫，而且智力前景也成为重要问题。

这部法律遭到了包括许多有正义感的白人在内的抵制。马修斯教授认为，这部法律比洗脑式教育、无知教育和歧视性教育的危害性更大。对于广大黑人来说，洗脑式会让他们忘记自己的民族甚至个人尊严。长此以往，非洲人的斗志与勇气便会消磨殆尽，后果不堪设想。

法律颁布后，很多学校、教会组织等都对这种卑劣的行为感到非常气愤。除了支持种族隔离的荷兰改良教教会和路德宗传教团之外，所有的基督教教会都反对这项新法律。但他们仅限于口头上的谴责，并没有组织人民发起抵制运动。值得一提的是，英国教会采取了抵制的政策，并大胆批判了这项新法律。还有一些学校为了抵制法律的实施，干脆将学校关闭，或者像法律规定的那样把学校交给了政府。他们认为如果教堂都采取这样的抵制政策，将学校交给政府，那么政府也许会一时间无法接手这么多学校而出现僵局，便会做出让步。

然而，他们的希望落空了。正如曼德拉所说，政府踏着我们的尸体过去了。

为了抵制这部法律的施行，非洲人国民大会召开会议研究抵制的方案。在会上，他们讨论了是否宣告持久地进行抵制的问题，使《班图教育法》在生效前就失去作用。有人认为应该坚持持久抵制，但是也有人反对。坚持持久的一方认为，《班图教育法》是一杯毒水，渴死也不能喝，以任何方式接受它都会造成不可挽回的危害。

曼德拉是站在反对持久抵制的一方中的。经过了此前的一系列斗争，他变得成熟稳重。曼德拉认为组织绝对不能做出可能会做不到的承诺，一旦没有坚持下来就会使人们失去信心，就像在组织索菲亚顿人民反抗政府的搬迁令时喊出了口号"从我们的尸体上跨过去"，后来却还是没能阻止政府的强制搬迁，这样会让人民对组织失去信心。

更何况，持久的抵抗需要大规模的组织系统和大量的资源，而当时的非洲人国民大会并不具备这一点。而那些被迫休学的学生们也要继续接受教育，他们没有能力快速建立起学校来容纳成千上万的学生。如果不能向人民提供一个解决问题的方案，那么无论他们提出任何方案，其结果都几乎等于零。

出于这份考虑，曼德拉和一部分人坚持展开为时一周的抵制运动。

然而，这个建议最后还是被否决了，更多的人赞成展开持久的抵抗运动。

为了压制反抗的群众，政府发出声明，所有进行抵制活动的学校将会被永久性地关闭，参加罢课的学生也将被禁止重新上学读书。

不过，反抗的群众并没有因为政府的高压而示弱，他们坚持着更加强烈的抗议。从4月1日开始，有组织的、自发的抗议运动此起彼伏。在东兰德，大约有七万名儿童受到影响，他们在黎明前就开始游行，号召学生家长们让孩子待在家里。妇女则在学校放哨，并动员已经到学校的学生们立刻回家。

浩浩荡荡的抵制运动终于迫使政府做出了小小的让步：重新起草教育法案。沃尔沃德迫于群众的激奋情绪，只好宣布：教育应该一视同仁。

其实，新的教育法案依然存在着明显的教育歧视，然而亟待接受教育的孩子们只能接受这个事实。虽然这次抵制运动并没有达到预期的目标，但是政府已经受到了很大的震动。而这项教育法案的颁布，也将在20年后让政府看到一批在这个国家从未看到过的最愤怒、最叛逆的一代黑人青年。班图教育下的孩子们会随着年龄的增长而越来越为他们被践踏的权利而愤怒，他们也将成为抗议种族隔离的重要力量。

8. 从公民到罪犯

被封禁的生活对曼德拉来说每一天都是痛苦的煎熬。1955年底，曼德拉的禁令终于到期了。

在约翰内斯堡这座繁华的城市待了13年，曼德拉对家乡的思念越来越浓烈。尤其是在被封禁的两年里，他被要求只能待在约翰内斯堡，连家乡都不能回去。儿时的牧场，潺潺的溪流，亲切和蔼的亲人们总是在他脑海中浮现。禁令刚刚解除，曼德拉便做出了返回家乡的打算。

朋友们前来送行，直到深夜才离去。曼德拉正准备离开家的时候，刚两岁的小女儿便醒了。她用稚嫩的声音向父亲问道："爸爸，我们能不能在一起？"

听到女儿的话，身为父亲的曼德拉无比心酸。因为政治上的工作，曼德拉几乎没有时间好好陪陪妻子和孩子。一种愧疚感自心底涌上来，他耐心地安抚女儿，一直看着她甜甜地睡去。

趁着女儿睡着，曼德拉匆忙离开了家。他的心情是复杂的，回家的喜悦，已经被对家人的愧疚冲淡了。

一路风尘，曼德拉终于回到久别的故里。他满怀激动地敲响了自己家的房门，出来开门的正是他的母亲。这么多年，老人一直孤独地生活着。想到多年来都没有好好照顾母亲，曼德拉无比愧疚。他想照顾母亲，但是又不能放下自己的事业。他希望母亲能搬到约翰内斯堡去，但是老人不愿意离开生活了几十年的村子。

事业与家庭的抉择摆在曼德拉的面前。为了全民族的解放，他只能选择前者。就像曼德拉自己所说："我不主张将自己变成一个毫无情感的机器人战士。但是，自由战士的小家庭的利益必须服从于人民大家庭的利益，让个人的情感服从于自由运动。"

不能在母亲身边尽孝，让他感到分外惭愧，他不禁一遍又一遍地质问自己："一个人置自己的家庭于不顾，却为别人的幸福去奋斗，这到底值不值得？难道还有比照顾自己母亲更为重要的事吗？难道为了人民就能成为推卸自己应尽的责任和原谅自己没有尽孝的借口吗？"一连串的问号，在曼德拉心上刻下一道道伤痕。他的内心矛盾极了，他辗转反侧。

第三章 不自由，毋宁死

最后，曼德拉终于想通了，其实爱家与爱国并不冲突，两者同等重要，没有轻重之分。只是，祖国更需要他的奋斗，当他的梦想实现，母亲也将会是其中的受益者。

回到家乡，曼德拉又见了自己的几个亲人及乡亲父老，包括摄政王的遗孀——曼德拉的养母。多年未见，很多人都有了不同的变化，也发生了很多曼德拉意想不到的事情。比如他的妹妹巴利薇在收了一个小伙子的彩礼并准备结婚的时候竟然选择了逃婚，后来没有办法的母亲只能让曼德拉的另一个妹妹玛贝尔来代替逃走的巴利薇，而玛贝尔竟然答应了。再比如曾经和他一起逃婚的贾斯提斯的酋长职位已经被英国政府解除了。一桩桩，一件件，那些陌生而熟悉的事情让曼德拉感慨不已。

这次回乡，曼德拉除了看望亲人外，还带着另外一个目的，那就是考察在班图教育制度下的人们的生活状况。他的一位比他大三岁的侄子，也是他的福特哈尔大学校友马坦兹马，正好是当地的一位领导人，曼德拉希望马坦兹马能和自己一起抵制班图教育制度。

然而，让曼德拉意想不到的是，马坦兹马虽然被英国人取消了王室地位，但是他对英国人依然抱有幻想。他认为与英国人对抗是错误的行为，还把非洲人国民大会看成是混乱与流血事件的制造者。

格格不入的政治观点使他们展开了激烈的争论，直到深夜，他们才"息战"。尽管政治观点大有不同，但是在感情上他们依然非常友好。

家乡虽然美丽而温暖，但是对于一个自由战士来说并不是长久的住所。曼德拉要回到约翰内斯堡去，继续他的斗争。

辞别亲友，曼德拉踏上返回"战场"的征途。

在路上，曼德拉忽然遇见一个跛脚男人向他挥手请求帮助。曼德拉停下车，交谈中得知那个男人的车坏在了路上，希望曼德拉能够带他一程。曼德拉很爽快地答应了他。

然而，慢慢地曼德拉感觉到这个人有些古怪。他怀疑这个男人是警察，大概是出于律师职业的习惯，他试探性地问他的车牌号。过了一会儿，曼德拉又问了一遍。果然，他两次回答的车牌号并不相同。这样两次貌似不经意的问话，就已经让曼德拉有足够的理由去怀疑他了。

谨慎的曼德拉尽量减少和他的说话，然而这个陌生人却滔滔不绝地讲起话来。经过东伦敦的时候，曼德拉停下车和几个非洲人国民大会的人见了面。正要离开时，他忽然发现了一个很像便衣警察的人。

正在这时候，车里的人竟忽然说："曼德拉，我看那个人很像警察。"

这句话让曼德拉着实吃惊不小，他不知道这个人怎么会认出自己来，也更加深了之前的怀疑。曼德拉立即提高警惕，以一种威胁的口吻说道："你怎么认识我？你到底是什么人？如果你不说，我就把你丢在半路上！"

这个男人终于说了实话。原来，他也是非洲人国民大会的会员。因为走私大麻，被警察发现了。他试图跳车逃跑，却被警察打伤了右腿。在逃跑的过程中，侥幸遇见了曼德拉。他说："我曾经是一名自由战士，但是被生活所迫，我不得不依靠走私大麻维持生计。最让我愤怒的是那些不如我的白人，他们赚的钱竟然是我的40倍！"

南非的种族隔离政策让非洲人的生活困苦不堪，当他们再也无法承受下去的时候，便只能由一个遵纪守法的好公民变成了罪犯。曼德拉亲眼目睹了一些人为了生计而走上犯罪的道路，种族隔离的罪恶更是让他深恶痛绝。就像曼德拉说的，虽然我认为有人会因为接受不良教育而去犯罪，但是，我相信种族隔离会让更多遵纪守法的公民成为罪犯。

我把一生献给你
曼德拉传
NELSON ROLIHLAHLA MANDELA

第四章
谁说白人是上帝的选择

1. 高级叛国罪

卷入政治是非之后，脑神经的某一端一直在隐隐提醒着曼德拉，政府的反扑迟早会到来。这是一个战斗者的敏感，也是一个丈夫与父亲的担忧。

1956年12月5日晚上，一阵急促的敲门声打破了黑夜的宁静。熟睡中的曼德拉猛地坐了起来，他知道，该来的终究还是来了。

他安抚了妻子与孩子，轻轻披上衣服，打开门。果然，门外站着三位神情冰冷的警察。为首的巡警队队长向他出示了搜捕证，并用毫无感情的语调告诉他："曼德拉，你被捕了。"

曼德拉站立在门口，像是一堵墙，他没有激动，也没有流露出愤怒，毕竟这一幕已经在他的脑海中被设想过太多次。唯一让他感到不悦的，是他不愿当着妻子与孩子的面被逮捕。他知道，那会给自己深爱的亲人带来伤害。

警察将曼德拉带到了他的办公室，不分轻重地乱翻了一遍。随后，他们将曼德拉带到一家名为"马歇尔广场"的监狱。到了那里他才发现，联盟组织的156名领导以"高级叛国罪"的罪名都被抓到了这里。

不久，警察将这些人全部转移到了福特监狱。他们被关在一个没有厕所，又充满了油漆味的房间里。更过分的是，在最寒冷的冬天，他们常常被命令脱光衣服面对墙壁，当看到这些钢铁般的人瑟瑟发抖地咬着牙，关押者才露出变态的微笑。

他们被非人的方式折磨着，常常觉得自己像是被驱赶的畜生。可是，这样的待遇更加坚定了他们反抗的决心，其中一个人这样感慨："一个人只有进了监狱才能真正地了解这个国家。我们不应该从一个国家对待其最上层民众的方式来判断其好坏,而应该通过这个国家对待其最底层民众的方式来判断其好坏。"

很快,当民众知道白人政府的行径之后,掀起了一阵抗议浪潮。他们纷纷放下手中的工作,愤怒地走向街头举行示威活动。不久,消息传到了国外,其他国家的一些人民也纷纷加入了示威的队伍。

监狱里,被关押的人们血液依旧是沸腾的,在彼此的眼中,他们都是最高大的英雄。曼德拉在这里看到了许多在平日里只会出现在报纸上的斗士们,还有外地的自由斗士,以及被禁令参加活动的斗士。当他们眼神交汇,就相互给予了支撑的力量。

监狱里,他们仍然没有放弃抗争,不止内心激昂,还有声有色地搞起了各种活动。这些活动包括体育锻炼、专题讲座、黑人历史、斗争经验交流,甚至是唱歌跳舞,他们像是在进行一次欢乐的聚会。不知不觉,他们之间滋生出一种特殊的情感,超越了地域与民族,也超越了曾经的工作领域和生活经验,他们的心跳被拉到了同一个频率,共同为着自由而跳动。

两周之后,政府审判的日期到了。为了防止发生意外,政府派出六辆军车和装备最精良的武装士兵。他们究竟在害怕什么呢?

在押送斗士们到约翰内斯堡军训大厅的途中,闻讯而来的群众阻断了道路,他们呐喊着,神情激动,声音亢奋。恍惚间,会让人误以为,这像是六辆军车带领下的大游行。

审判庭中也早已聚集了人。曼德拉和他的伙伴们微笑着向人群挥手致意,并行以表示尊敬的大礼,人们一边欢呼着对他们表示支持,一面大声向政府表达抗议,要求政府释放他们爱戴的斗士们。场面变得越来越失控,仿佛这并不是一场庄严的审判,而是非洲人国民大会的抗议集会。

第四章 谁说白人是上帝的选择

在这场审判中，曼德拉与他的伙伴们将面对两种结果。若对方已准备了足够证据来证明他们的"犯罪事实"，他们会被移交到最高法院进行审判；若对方的证据并不充足，那么他们将被当场释放。

法官收拾起慌乱的思绪，开始陈述公诉内容。内容包括了1952年到1956年间的反抗运动、索菲亚顿搬迁事件，罪名则依旧是可笑的"高级叛国罪"和武力颠覆政府罪。

审判的过程充斥着荒谬，他们被囚困在笼子里，连群众组织的辩护律师团队也被隔离开来。反对的声音越来越大，人们谴责法院以如此非人的待遇对待被审判者与律师团队。最终迫于群体的压力，法院只得下令拆除了笼子。

喧杂声中，首席检察官开始宣读起诉书，声音被淹没在抗议的浪潮中。检察官陈述的内容无法让人听到，他可怜兮兮地站在扩音器前，像一只可笑的蚊子。为了让场外人群保持安静，政府出动了警察，维持秩序无效后，竟然开枪打伤了20余人。在这样的情况下，检察官整整花费了两天时间，才终于读完了那份18 000字的起诉书。

审判持续了四天之后，法院决定在次年元旦重新开庭，允许被审判者保释，但保释期间不可以离开约翰内斯堡，需要每周向政府报到一次，并禁止参加任何集会活动。

种族歧视的观念无处不在，刺痛着斗士们的心，就连保释金的金额上，也存在着不合理的区分。100多人的保释金额是一个庞大的数字，为此，全国的正义之士争相捐助，还有人发起成立了"叛国审判辩护基金会"。

审判的结果仍然悬而未解，他们都不知道，等待自己的，是什么样的命运。但是，非凡人生的意义在于，无论何种境遇下，他们都守护着内心的自由梦。

2. 离别的哀愁

为了整个民族的利益，曼德拉几乎把自己所有的时间都放在了政治上。他几乎没有时间好好陪陪家人，早出晚归成了一种习惯。然而，他的妻子伊芙琳对丈夫披星戴月地工作并不能理解。

曼德拉经常深夜才回家，这让伊芙琳怀疑曼德拉在外面有了别的女人。

除了这份怀疑以外，曼德拉还有更加让伊芙琳不满意的地方，这也是两个人感情破裂的主要原因。

就在曼德拉为了反抗种族隔离而奔走的时候，伊芙琳加入了"耶和华见证人"教会的一个名叫"瞭望塔"的分支。这是一个以《圣经》作为他们唯一信仰的组织。伊芙琳很虔诚，几乎是全身心地投入到其中了。她还经常帮助组织分发他们的出版读物《瞭望塔》。为了壮大组织力量，"拯救"更多的人，她还经常劝说身边的亲人、朋友也加入这个组织。在这种情况下，曼德拉便成了她的首要说服对象。

她"苦口婆心"地劝说丈夫退出非洲人国民大会（那时曼德拉还没有被封禁），献身于上帝，从此远离政治的是是非非。

然而，已经决心献身于民族事业的曼德拉没有任何动摇。两个人就这样各自坚持着不同的政治信仰，感情也渐渐淡漠。

夫妻两人因为个人政治信仰的不同，传授给孩子的观念也是不同的。曼德拉和孩子们在一起的时候，经常给他们讲南非白人与黑人之间的种族隔离问题，希望孩子们从小就培养起一种反对种族压迫、追求民族解放的观念。但是，曼德拉和孩子们在一起的时间是比较少的，大多时候是妻子伊芙琳陪着孩子们。

伊芙琳信仰"瞭望塔"，便经常给孩子们讲授关于献身于上帝的宗教观念。她觉得上帝才是万能的，只有上帝才能拯救这个世界。伊芙琳经常带孩子们去教堂听宗教演讲，甚至还会带他们一起上街向人群散发《瞭望塔》进行宣传。

为了政治，曼德拉依然早出晚归，伊芙琳的劝说没有起到任何作用。身为女人，她只想要一份平平淡淡的真实生活，柴米油盐，吃饱穿暖，这就足够了。然而这样简单的愿望，却都无法实现。那些漫无边际的寂寞时光，渐渐化成了一种怨怼，在她心中越积越深。

为了能让丈夫远离政治，伊芙琳继续着自己的努力。她提出和曼德拉一起离开约翰内斯堡，回到老家乌姆塔塔做泰姆布国王的参事——这也是当年摄政王为曼德拉安排的路，只是倔强的曼德拉并没有沿着这条路走下去。已经在政治上风生水起的曼德拉，当然不会抛下已经修了一半的政治城堡，要想继续斗争，就必须留在约翰内斯堡。

曼德拉坚决不同意，伊芙琳只好继续想办法。她又找了泰姆布王室的领导人物马坦兹马——也就是上次曼德拉回家时与他有政治观点冲突的那个侄子。伊芙琳让马坦兹马帮忙劝说曼德拉回去，不仅如此，伊芙琳还动员了曼德拉的母亲和妹妹一起加入到劝说的阵营中。

然而，就是这样一支强大的劝说队伍，依然没有动摇曼德拉的决心。伊芙琳对曼德拉的态度感觉愤怒极了。她终于向丈夫下达了最后通牒：在她和非洲人国民大会中做一个选择。

曼德拉的选择是可想而知的。他依然每天都为了政治而忙碌不已，这样的行动已经说明了他的选择。伊芙琳是失望的，当失望积累到一定程度，终于以一种绝望的姿势站立出来。

曼德拉被关进监狱期间，伊芙琳只去看望过一次。两周后曼德拉被保释出来，回到家才发现妻子已经带着孩子们和行李离开了这个家。

面对着空荡荡的房间，多少昔日的欢乐如同电影般回放在曼德拉的脑海里。房间空了，他的心仿佛也空了。这个经历了无数苦辣酸甜的温馨小家，终于还是在风雨飘摇的政治中支离破碎。

在律师事务所的时候，希戴尔斯基曾经警告曼德拉，如果他染指政治，最终会导致家庭支离破碎，甚至还可能会被投入监狱。这句话可谓一语成谶。

然而，曼德拉依然不后悔自己的选择。一个自由斗士，永远不会停下自己勇往直前的脚步。为了梦想，他早已将个人的幸福甚至生命置之度外，只要能换来全民族的解放与幸福，牺牲自己一个人的幸福也是值得的。

3. 庭审攻坚战

家庭的破碎，虽然让曼德拉难过，但是这样一来他也少了一分牵挂，可以更加毫无顾忌地投入到斗争中去。

白人当局对曼德拉等人可谓是恨之入骨，发誓要拔除这些眼中钉、肉中刺。为了能让他们顺利入狱，政府搜罗了许多他们的宣传册、文件、书信、笔记等，并在法庭上一一展示出来，加上警察在会场的记录，居然多达12 000份——当然，这些资料里面也包括了政府刻意伪造的材料，他们的目标是要把曼德拉等人扣上"高级叛国罪"的帽子后好顺理成章地将他们投入监狱。

在这些资料里面，也包括了非洲人国民大会所通过的《自由宪章》。曼德拉等人的辩护律师弗农·贝瑞奇坚决反对将《自由宪章》列为定罪的证据："《自由宪章》只是体现出其支持者的思想和信仰的表达，即便它和政府的政策有出入，但是，它的思想和信仰也都是世界各种族中多数人都认同的，而且也得到了我们国家多数人的认同。"

在庭审的过程中，贝瑞奇表现相当出色。为了证明《自由宪章》是非洲人国民大会企图用共产主义政府取代现在的政府，白人当局请来了开普敦大学政治系主任安德鲁·莫里教授。

这位学识渊博的教授果然如当局所愿，在庭审中指证《自由宪章》就是共产主义言论，如果这个决断通过证实，曼德拉等人将要面临的命运可能就不仅是坐牢这么简单了。

精明的辩护律师贝瑞奇当然不会允许这样的事情发生。他在那些繁杂的文件中挑出了一段关于"宫人需要相互合作而不是相互剥削"的文字读了出来，并让莫里教授辨认这是不是共产主义言论。莫里教授立刻毫不犹豫地回答"是"，贝瑞奇则告诉他，这是南非前总理马伦博士的话。

莫里教授像被当头泼了一盆冷水，只能哑口无言。

接着，贝瑞奇又读了两段话来让莫里教授辨认是否是共产主义言论，当莫里教授回答完"是"的时候，贝瑞奇告诉他，那是美国总统亚伯拉罕·林肯和伍德罗·威尔逊所说的话。

莫里教授颜面扫地，已经感到非常不自在了。贝瑞奇又给他读了一段话，让他判断是不是共产主义言论。莫里教授依然毫不犹豫地回答"是"，贝瑞奇则告诉他，那是莫里教授本人在二三十年前亲自写下的一段话。

顿时，审判大厅里哄堂大笑。莫里教授灰溜溜地逃出了法庭。

这位知名教授并没有达到政府想要的目的，政府便又开始了新一轮的阴谋策划。他们请到了因为欺诈罪而在监狱服刑的明星级证人索罗门·恩顾贝斯。

恩顾贝斯自称毕业于福特哈尔大学，做过律师，也曾担任过非洲人国民大会伊丽莎白港的书记（非洲人国民大会几乎没有入会限制，向所有人敞开怀抱，这也使得大会内部出现了一些不忠诚者甚至间谍），并指控非洲人国民大会曾经策划了伊丽莎白港的暴力事件，还添油加醋地抖出了非洲人国民大会内部的一些事情，比如西苏鲁曾经到过社会主义国家苏联采购武器（本来是到中国表示希望得到帮助）。为了达到白人当局的目的，他甚至捏造事实，指控非洲人国民大会准备采取大屠杀的方式杀掉特兰斯凯的所有白人。

这样的言论无异于石破天惊。不过，恩顾贝斯的汹汹气势很快就被贝瑞奇机智的反驳杀下阵来。不仅如此，贝瑞奇还证明了恩顾贝斯的福特哈尔大学文凭也是伪造的，并利用伪造的证书非法从事律师行业多年。

这些欺诈行为为人不齿。于是，这一轮的"战争"依然以贝瑞奇的胜利而宣布结束。

紧随其后的是乔·斯洛沃。斯洛沃本人就是一名能言善辩的律师，他拒绝了请辩护律师。辩论的时候，不仅努力证明非洲人国民大会没有违法，还试图证明真正违法的是政府。他的言辞机智而缜密，让那些审判他的人感到很棘手。

有一名黑人侦探出庭作证，声称自己逐字逐句听到了非洲人国民大会成员用英语发表违法言论。斯洛沃立即问道："你懂英语吗？"黑人侦探答道："不怎么懂。"斯洛沃继续质问道："你的意思是，在你不怎么懂英语的情况下，依然能够证明非洲人国民大会成员都是用英语发表的讲话吗？"得到黑人侦探的肯定回答后，他继续发问："既然你几乎不能听懂他们的讲话，那么，你承认不承认你那么多证词中有很多都是废话?"败下阵来的黑人侦探只能敷衍着回答:"我不知道。"便在审判大厅传出的哄笑声中败下阵来。

为了能把这些人送进监狱,白人当局可谓煞费苦心。搜罗来的"证据"还不足以证明曼德拉等人的"高级叛国罪",他们便伪造证据。不过,那些伪造的证据甚至所谓的"证人"很轻易就被机智的律师们拆穿了。最后,经过一年的预审,起诉检察官终于宣布预审结束,并给了辩护律师四个月的时间对证词和文件进行审查,为下一阶段的辩护工作做准备。

三个月后,政府忽然宣布对被告中的61个人(大多职位较低)免除起诉,其中包括非洲人国民大会主席鲁图利和全国执行主席坦博。这个消息是令人惊讶而振奋的,曼德拉更是为这个消息惊喜不已,尽管自己未在61人之列。

在命运的渡口,曼德拉还不知道自己将会漂向何方,不过他能确定的是,无论前途有多少磨难,逐梦的脚步永远都不会停下来。

4. 从自由斗士到爱情斗士

漫长的预审虽然让曼德拉的生活节奏紧张不已,但是在这份紧张里,他也邂逅了生命中最重要的一位女子——诺姆扎木·温妮弗雷德·马蒂奇泽拉,日后为世人所瞩目的漂亮而勇敢的曼德拉夫人。

那时曼德拉已经离婚,三个孩子都和母亲生活在一起。家庭的糟糕状况与事业的低谷一起向曼德拉袭来,从天而降的爱情,让他更多了一份斗争的信心与力量。

在预审休庭期间的一天下午,曼德拉和一位朋友驾车去威特沃特斯兰德大学医学院时,途经一个公共汽车站,不经意间,曼德拉看见了一位年轻可爱的年轻女子。当时的曼德拉还未意识到那无心的一眼，便已经注定了这一生的缘分。

曼德拉为那个女子的美貌所吸引，他想回过头去看她，然而车速太快，一眼过后两人之间便已经出现了遥远的距离。那个女子的面容在曼德拉的心里留下了一个深深的印记，在以后的几天里，他的脑海中经常浮现起那一眼的美好。

也许缘分早在冥冥中就已经注定了。不久后的一天，曼德拉正在律师事务所忙着自己的工作，偶然间一抬头，竟然发现那个让他魂牵梦绕的女子就出现在他的办公室里！她和哥哥一起坐在坦博的写字台前，看样子应该是来向他们求助法律上的事情。

曼德拉按捺住内心强烈的喜悦，走到坦博面前。坦博立即向他介绍了面前的两位顾客。

这时候，曼德拉才知道她叫诺姆扎木·温妮弗雷德·马蒂奇泽拉，大家都叫她温妮。那时她刚从约翰内斯堡詹·赫福梅尔社会工作学校毕业，是一名社会工作者。其实，当时的曼德拉并不怎么关心她的背景和法律问题，他一面故作沉稳，一面又在心里盘算着如何请她出去约会——爱神降临的那一刻，曼德拉立即从一个自由斗士转变成了爱情斗士。

曼德拉说："我说不准是否有一见钟情这样的事情。但是，我当时确实是第一次见到温妮就想让她做我的夫人。"

温妮家有七个孩子，她排行第六。在她的名字中，"诺姆扎木"意思是努力磨练或经历磨难，和曼德拉的名字一样，仿佛都在冥冥中预见着他们的未来。温妮的家乡在蓬多兰省的比萨那，和曼德拉的家乡特兰斯凯的一个地区相邻。温妮的曾祖父马蒂奇泽拉是19世纪纳塔尔酋长国的酋长，在艾木非卡尼时代，他举家迁到了特兰斯凯定居。

第四章　谁说白人是上帝的选择

认识温妮的第二天，曼德拉就给她打了电话，借口请她在詹·赫福梅尔社会工作学校为"叛国审判辩护基金会"募集资金，并邀请她一起吃饭——当然，这才是主要目的。

接到曼德拉电话的温妮激动不已。她几乎一整天都心神不定，甚至无法工作下去。后来温妮回忆说："为了这次会面，我把自己保存的每件女学生装都翻腾出来，可没有一件看上去很合适。"最后，温妮只好和别人借了一件比较体面的衣服，才感到些许宽慰。

将要见到曼德拉的时候，温妮满心狂喜与激动，然而见了他，她又窘迫不已。曼德拉带她到办公室附近的一个印度饭馆——一家为数不多的对非洲人开放的饭馆之一，曼德拉经常在那里吃饭，对那里也比较熟悉，不过这一切对于温妮来说却是比较陌生的。她从来没有吃过咖喱饭菜，为了能冷却羞红的面颊，她只好一杯接一杯地喝水。这样的温妮，却更让曼德拉倾心。

饭后，曼德拉又驾车带她去了位于约翰内斯堡与伊瓦顿之间的草地上——与其说是草地，不如说是草丛，因为那些草几乎快没过了他们的膝盖。

那是只属于他们两个人的美好时光，温馨浪漫，恬静优雅。没有政治的困扰，没有生活的忧烦，两个人仿佛超脱了整个世界。曼德拉向她敞开心扉，告诉她自己的希望和面临叛国指控的种种困难。他告诉她，他很想立即娶她做夫人。这样直接而大胆的表白，对温妮来说也是一份温暖与感动。在曼德拉眼里，温妮充满活力、感情奔放、年轻漂亮、勇敢大方、积极向上，而这些形容词，是他在见到她的第一眼就立即感觉到的。

从这以后，他们有时间就见面。有时候在军训大厅或者曼德拉的律师事务所，有时候是在体育馆里。温妮对政治也颇感兴趣，还是学生的时候，就曾经非常迷恋"非洲人团结运动"，而且她的一个哥哥还加入了那个组织。所以曼德拉后来还和她开玩笑说，如果她没有遇见自己，只怕就要同某个"非洲人团结运动"的领导人结婚了。

没多久，曼德拉就准备与温妮举行婚礼了。仿佛一切都是理所当然，温妮开玩笑地和别人说，曼德拉从来没有向自己求过婚。然而曼德拉总要告诉她，他们第一次见面就向她求过婚了，从那天起，他认为她理所当然地要做他的夫人。

由于审判的影响，曼德拉—坦博律师事务所受到了巨大的影响，甚至面临着破产的危险。尽管坦博的指控已经被解除，可以做一些弥补性的工作，然而已经造成的损害却无法挽回。曾经门庭若市的律师事务所，现在却门可罗雀，他们只好到处去找委托人。就连在乌姆塔塔购买那块地的50英镑余款，曼德拉也要支付不起了。

经济上的窘境，曼德拉都如实告诉了温妮。他们以后的生活，很可能只有靠温妮做社会工作者的微薄收入了。不过温妮很理解曼德拉的处境，她温柔地告诉他，她做好了承担各种风险的准备，愿意与爱人同甘苦、共患难。穷困潦倒的曼德拉没有钱给心爱的姑娘买金首饰和钻石，然而他们的感情却远比金首饰和钻石更有价值。

1958年6月16日，他们举行了婚礼。曼德拉申请暂时中止禁令，当局只给了六天的假期。

在这宝贵的六天里，他们举行了热热闹闹的婚礼，亲朋好友们对他们献上了深深的祝福。本来，温妮的父亲是不同意宝贝女儿嫁给曼德拉这样一个搞政治的人的，并警醒女儿："你要嫁给一个囚犯！"但是看到女儿的坚持，他只好妥协了。婚礼上，他发表了讲话，以一个长者的身份告诉他们，这样的婚姻注定要经历一种持续的考验，并对温妮说："如果你的先生是男巫，那么你就必须是女巫！"

根据当地的习俗，婚礼后娘家要为新娘包上一个婚礼饼，以便于带到婆家举行另一半婚礼。然而六天的时间是根本不够他们回到曼德拉的家乡举行另一半婚礼的，温妮只好小心翼翼地珍藏起那个婚礼饼，作为结婚的纪念。然后，两个人又马不停蹄地赶回了约翰内斯堡。

温妮胸襟旷达，坚强而勇敢，与曼德拉的结合，意味着她以后要承受各种磨难。不过，温妮已经做好了心理准备："我同他结婚时就知道，我是和他所从事的斗争相结合，和我的人民的解放事业相结合。"这个伟大的女子被人们尊称为"曼德拉夫人""黑人母亲"，就像南非教会理事会主席玛纳斯·布特莱济所说："从极为深刻的意义上说，她无愧于'黑人母亲'的称号。"

那一年曼德拉38岁，温妮20岁。真正的爱情是没有年龄界限的，共同的信仰与共同的追求就像一条红线，将两颗炙热的心牢牢地牵在一起。他们没有钱度蜜月，但是甜蜜与幸福却始终环绕着这个温馨的小家。此后，他们要面临的是无数生活的考验。温妮的爱让曼德拉的生活燃起了新的希望，就像他自己所说："我感觉自己似乎有了第二次生命，我对她的爱使我增添了斗争的力量。"

5. 退缩不是一种耻辱

爱情给了曼德拉新的希望。艰苦岁月里，这份温暖就像一盏明灯，给这个自由战士增添了无限的信心与力量。

当时的南非，黑人是没有选举权的。严酷的种族歧视如灰色的空气，渗透到他们生活的每一个层面。选举权与被选举权本是一个国家公民的最基本权利，然而南非黑人却被排斥在这份权利之外。

选举权和被选举权成了300万白人的专有权利，而另外的1000万黑人只能处在白人的统治与压迫下。

1958年4月是白人政府大选的时间。对于这次选举，曼德拉和非洲人国民大会的一些成员都认为，虽然他们目前无法改变没有选举权的状态，但是选举也并不是和他们一点关系都没有——且让热衷于搞种族歧视的国民党继续执政，那么种族歧视的政策很可能还会被继续扩大。

出于这份考虑，非洲人国民大会和其他组织决定联合起来，发动广大群众展开为时三天的大罢工，以"国民党必须下台"为口号，准备阻止国民党继续执政。

马兰政府得知这个消息后很是愤怒，同时也不无担忧。为了能让大选顺利进行，他们也做出了相关措施：禁止十人以上的非洲人参加集会，如果有人违抗，就会立刻抓进监狱。

罢工的策划依然在进行着。曼德拉等人在火车站、汽车站、工厂等上下班的人比较集中的地方散发了罢工传单，呼吁广大群众团结起来，共同反抗热衷于搞种族歧视的国民党继续执政。

不过，这样大张旗鼓的反抗很容易招致警察的袭击，在罢工的前一天，曼德拉等人就将组织罢工的工作转入了地下。

曼德拉家里有一名雇工，叫做玛提姆。她和曼德拉的年龄相差无几，虽然是雇工，但是曼德拉对她一直很尊重，平时以"姐姐"称呼她。在罢工工作准备转入地下的那一天，曼德拉让她帮自己把几件衬衣洗一下。让他出乎意料的是，玛提姆沉默了一下，然后颇为强硬地说："先生，你应该清楚，我不能干这事！"

曼德拉惊讶而疑惑地问："为什么不能？"

玛提姆理直气壮地回答："难道你忘了我也是一个工人吗？明天我将和我的工人同胞们一起罢工！"

第四章 谁说白人是上帝的选择

曼德拉有些尴尬。玛提姆的小儿子见状后，赶紧帮忙打圆场，对母亲说："妈妈，曼德拉叔叔并没有把你当成工人，而是把你当成姐姐。"不过玛提姆以一种有些责备的语气说道："孩子，当我在为我的权利斗争的时候，你又在干吗？如果我不对你的曼德拉叔叔进行斗争，我就不会有像姐姐一样的地位。"

这虽然是件小事，但是我们也能感觉到广大非洲人对自由权利的渴望。那些处在社会底层的人，虽然每天都劳劳碌碌地奔忙着，看起来似乎已经习惯了这种生活，然而他们的内心，无时无刻不在做着激烈的挣扎与斗争。他们渴望有那么一天，可以和白人一样站在阳光下，享受属于自己的权利。

然而渴望归渴望，很多人只是把这份渴望压在了心底。如果要反抗，就意味着坐牢，意味着失去现有的生活。他们舍不得仅有的一点生活资本，如果连这仅有的一部分也失去了，他们将一无所有。所以他们只是默默地承受着被压迫的痛苦，等待着别人来解救他们。

这是一种麻木的心理。就像一只弹簧，刚刚被压扁的时候，会很快弹起来，但是如果被压了很久很久，就再也不会弹起来，因为其本身已经习惯缩成一团的状态。

也正是出于这份心理，这次大罢工终究是失败了。

罢工的第一天，曼德拉就发现火车站、汽车站里还是挤满了前去上班的人，就连自己藏身的朋友家的房东也偷偷地上班去了。

有人提出对那些拒不服从罢工的人采取强硬的手段阻止他们上班，但是曼德拉并不同意这种杀鸡取卵的方式。他觉得这种行为只能起到一时效果，不是长久之计，而且会让群众对组织罢工的人产生抵触情绪，一旦失去人心，以后的活动他们更不会支持了。曼德拉认为应该让群众自觉地加入到他们的队伍当中。

商讨的最后，大家只能得出一个非常无奈的结论——取消这次大罢工。

曼德拉说:"退缩是一种耻辱,但是如果因为我们不退缩而导致更大的失败则是更大的耻辱。"一个英雄的姿态,已然在那个年月里树立起来。只有敢进敢退,才是真英雄。

6. 女性通行证

白人政府对黑人实行种族隔离的政策,黑人中的女性不仅在肤色上受到歧视,更因为性别而频遭冷遇。

在当时的南非,妇女出行必须带"女性通行证",如果有谁胆敢不带却被发现,就要面临十英镑的罚款或者是一个月的监禁。

无论在什么时候,无论在什么地方,压迫与反抗总是并存的。为了抗议白人当局的歧视行为,非洲人国民大会组织妇女领导了反抗运动。数千名妇女加入到了反抗的队伍中,她们通过游行、示威的方式来呼喊出自己的心声。她们甚至冲进了中央通行证办公室,将前来领取通行证的人及办公室的工作人员都赶了出去。当然,这也激怒了白人当局,那些威武的警察对付起这些柔弱女子来毫不手软,将数百名妇女抓进了监狱。

曼德拉的妻子温妮本来就对政治很感兴趣,加上丈夫曼德拉的熏陶,她更是将民族解放事业当作自己的政治愿望。当然,民族解放必须也包括妇女的解放。在看到广大女同胞为了自己的权利纷纷走上街头时,温妮毅然决然要加入奥兰多妇女团体。

那时候温妮已经怀有身孕,当曼德拉得知妻子的决定时,他不禁感到惊喜而又担忧。惊喜的是,妻子果然深明大义,与自己有着共同的政治愿望,甚至勇于为民族解放事业而献身。担忧的是,妻子毕竟有孕在身，一旦被抓进监狱，一定会吃苦的。

担心温妮没有看清自己眼前的现状而做出盲目的决定，曼德拉对妻子说："你一旦参加奥兰多妇女团体组织，就意味着你将会失去你的工作，而我们将会失去你那些让我们养家糊口的收入。一旦你被抓进监狱，可能不会再有公司愿意雇佣一个曾经有过污点的人。更何况你现在还怀有身孕，监狱生活会伤害到你的身体。"然而温妮没有任何动摇，她似乎早已经预见了这些，那张年轻而美丽的面庞上闪烁着勇敢与坚强，她告诉曼德拉，无论前方的道路多么危险，她都会走下去。

曼德拉很是欣慰。他为有这样的妻子而感到无限的骄傲，更为能寻得如此知己而庆幸。

第二天，曼德拉开车将温妮送到了火车站（示威妇女集合的地点）。那时车站里已经挤满了参加示威的女子。临上火车，曼德拉与温妮深情拥抱。火车缓缓开动，温妮从车窗向曼德拉挥手示意。看到妻子眼中充满了坚定，欣慰与担忧一起涌上了曼德拉的心房，他知道，这是一个遥远而危险的旅程，终点会在何方，没有人知道。

终于，在中央通行证办公室门外聚集的数千妇女中多了一个绚丽的身影，那是美丽的温妮。她和别人一样，披着非洲特色的部落服装，一起高唱呼唤自由的歌曲。和此前示威的那些妇女一样，她也没有逃脱被捕的厄运。

警察们很快将她们包围起来，又有近千名妇女被抓进了监狱，其中包括温妮。

曼德拉回家后发现温妮没有回家，就知道她一定是被捕了，一份强烈的担忧让他非常不安。监狱里所要遭受的苦，曼德拉是知道的，尤其在犯人较多的时候。

温妮同许多被一起抓捕的妇女一样，被送进了福特监狱等待法庭的审判。由于"犯人"较多，食物、毛毯等生活必需品都供不应求，监狱中的环境也非常差。为了能让妻子同广大被关押的妇女早日出狱，曼德拉和坦博便想办法将她们保释出来。然而他们的举动遭到了全国妇女组织主席莉莲和南非妇女联合会书记海伦的强烈反对。她们认为这是女人的事情，"那些丈夫们和非洲人国民大会都不要多管闲事。法官让她们坐多少年的牢，她们就应该坐多少年的牢。"

不过，这并没有难倒爱妻心切的曼德拉。他要用事实向莉莲证明，坐牢这种事情对于那些柔弱的女性来说并不合适。他和莉莲一起到监狱去探望那些被关押的妇女，了解她们的意见。

因为被捕前大部分妇女都没有做好坐牢的准备，何况监狱中的环境如此恶劣，她们当然希望能早日出狱。看到监狱中妇女的状况，莉莲终于动了心。她决定在两周以后将所有妇女都保释出来。

两周的时间也是难熬的，不过大家都勇敢地坚持着。温妮在监狱里和两位白人女警察很快成了好朋友，知道温妮怀孕的时候，她们还对温妮照顾有加。这个年轻的勇敢女子并没有被监狱生活所吓倒，反而更加激情昂扬。这样的结果，她是早已预料好的。

当温妮从监狱里迈着自信的步子走出来时，曼德拉为妻子的勇敢坚强而高兴，更为温妮能交到白人警察为朋友而钦佩。为了感谢两位女警对温妮的照顾，他们还特意邀请她们到家里做客，她们如约前往。然而这却引起了很多人的注意，很快，得知此事的监狱当局就把两位女警解雇了，曼德拉和温妮感到十分愧疚，然而从那以后却再也没有见到过那两位女警。

这次斗争给温妮留下了深刻的印象，也在以后漫长的斗争路上深深地影响着她。温妮成熟了许多，与曼德拉的感情已经不仅仅是夫妻情，更是战友情，他们就这样肩并肩，走过以后的无数风雨，走过以后漫长的峥嵘岁月。

7. 阿扎尼亚泛非主义者大会

矛盾是无处不在的。一个集体里，同样避免不了各种各样的矛盾，尤其是政治观点的异同。

在非洲人国民大会内部，大多数人认为在争取自由权利的过程中应该联合有色人甚至那些有正义感的白人。然而也有一部分反对的声音，这些极端的民族主义者呼吁"非洲是非洲人的非洲"，把有色人和白人都排斥在外，无论是否有共同的政治观点。

这种矛盾随着时间的推移逐渐激化。在白人政府大选罢工的时候，一些极端民族主义者因为反对罢工而被驱逐出了非洲人国民大会。这些人聚集在一起，并于1959年4月6日在罗伯特·曼加利索·索布克韦的领导下成立了阿扎尼亚泛非主义者大会。

这个组织自成立之初便屡屡与非洲人国民大会作对，成为非洲人国民大会的死对头。

索布克韦出生于1924年12月5日。他的父亲是一位卫理会教徒，对他管教严格。索布克韦学习成绩非常优秀，在大学期间参加了非洲人国民大会青年联盟，并担任了青年联盟校支部的主席。他始终认为黑人的利益同白人统治阶级的利益存在着明显的冲突和尖锐的矛盾，对联合有色人与白人共同反抗种族隔离的做法抱有很大偏见。

曼德拉是和索布克韦一起成长起来的。他们共同领导过几次大规模的运动，曼德拉也曾和索布克韦一样认为"非洲是非洲人的非洲"。不过随着阅历的丰富，曼德拉渐渐改变了自己的观点，而索布克韦却逐步成了一个极端的民族主义者。

阿扎尼亚泛非主义者大会成立之前，曼德拉就预见到，这个组织一旦成立，必然会把很多非洲人国民大会的成员吸引过去，就对以索布克韦为首的民族主义者进行了长时间的说服工作，希望他们能够认清时局，对种族主义政权与普通白人严加区别。然而劝说并没有起到作用，阿扎尼亚泛非主义者大会还是成立了。不出曼德拉所料，很多非洲人国民大会的成员及广大黑人群众都加入到了该组织。1959 年 8 月 2 日，刚刚成立四个月的阿扎尼亚泛非主义者大会的全国执委会宣布，他们已在全国建立了 101 个支部，拥有正式成员 24 664 人。通过这样惊人的数字，足可见阿扎尼亚泛非主义者大会受欢迎的程度。

参加阿扎尼亚泛非主义者大会的人很多都曾经是非洲人国民大会的成员，其领导层里有很多都是曼德拉曾经的好友与同事。最让曼德拉感到惊讶的是，他曾经的好友高尔也加入了这个组织。高尔可以说是曼德拉在政治上的一个引路人，他对曼德拉有着深刻的影响。如果不是他主动离开律师事务所，曼德拉也不会那么顺利地与律师事务所签下合同。当年的一份政治启蒙，让曼德拉一点点成长为一个政治领袖，才有了今天的成绩。看到高尔加入了阿扎尼亚泛非主义者大会，曼德拉有着无限的惊讶与失望。

阿扎尼亚泛非主义者大会提出了自己的纲领，断言将在 1960 年取得斗争的初步胜利，1963 年就将使南非获得自由与独立。曼德拉认为，在群众运动中，激进的口号比温和的策略更有感召力，正是因为阿扎尼亚泛非主义者大会这样激进的口号，让那些迫切渴望独立与自由的人点燃了希望，所以从一开始阿扎尼亚泛非主义者大会就吸引了很多人，得到了比较广泛的拥护。

不过，以激进口号来吸引人们的行为也是极其危险的。他们提出了一个难以在短时间内实现的愿望，也相当于给自己挖下了一个坑，一旦无法填满，最后自己就会掉下去。这样的行为是危险而愚蠢的。多次斗争的经验让曼德拉明白，如果一个组织不能够按期完成他们曾经许诺给人民的使命的时候，他们势必会将自己置于不利的位置。所以，他对阿扎尼亚泛非主义者大会的纲领口号并不赞同。

对于阿扎尼亚泛非主义者大会的成立，南非政府因为其反对非洲人国民大会的立场，将其看成了潜在的盟友，在政治政策上相对于非洲人国民大会更宽松些。在他们看来，非洲人国民大会已是眼中钉、肉中刺，如果能够通过政府以外的力量来打击它，那是最好不过的了。阿扎尼亚泛非主义者大会反对国民大会的观点，正符合了白人政府的愿望。除了国内人民的支持，阿扎尼亚泛非主义者大会还得到了西方国家的支持——因为他们反对共产主义。这样一来，泛非主义者大会便顺理成章地在多方面的支持下日益壮大起来，很快成了一支可以与非洲人国民大会抗衡的力量。

阿扎尼亚泛非主义者大会反对非洲人国民大会，尽管非洲人国民大会曾经表示愿意与其合作，但是那些极端的民族主义分子却很不屑地加以拒绝。他们总是和非洲人国民大会唱反调，甚至故意破坏非洲人国民大会领导的运动。每当非洲人国民大会组织群众罢工，泛非主义者大会便号召人们上班；非洲人国民大会呼吁人们上街示威、游行，阿扎尼亚泛非主义者大会便呼吁人们在家静坐。

这样尖锐的矛盾随着时间的推移一点点加深，两个本来有着共同愿望的组织竟然成了一对冤家。曼德拉一直试图与泛非主义者大会合作，然而每一次都遭到拒绝。对于一个组织来说，团结是成功的首要条件，内部的斗争，只会加剧自己面临的危险。

8. 沙佩维尔大屠杀

为了加强对非洲人的控制，南非政府一直采用通行证制度，黑人出行、做事有各种各样的通行证，如居住许可证、宵禁特别通行证、月度通行证、计日工通行证、寻职通行证、迁移通行证、旅行通行证等等，前文我们提到的"女性通行证"也是其中的一种。白人政府通过通行证制度控制黑人的一举一动，黑人必须持有通行证才能找到工作，才能旅行，才能在宵禁以后外出。

国民党上台后，对通行证制度进行了进一步的完善，并于1952年颁布了取消土著通行证及施行统一的土著身份证法，取消了不少繁多冗杂的通行证，规定非洲人使用一种新的统一的证件，相当于一个检查册，册子上有个人的全部信息，包括照片、编号、纳税情况甚至相貌的描述等等。从表面上看，这种多证合一的方式好像是使通行证制度有所减轻了，其实不然。马兰政府要求每个人出行必须随身携带该证件，白人警察也经常会搞突袭，检查黑人的通行证，如果发现有谁没带的话，就会被处以罚款或者监禁。只有教士、律师、医生和一些较少的中产阶级人士可以豁免，但是也必须随身携带证件证明他们的身份，否则同样避免不了处罚。

这样的制度本身就存在着强烈的歧视与不公，警察经常性的搜查、突袭等更是让群众愤怒不已。

通行证制度极大地限制了非洲人的生活。1959年，班德民众终于忍无可忍率先发起了一场轰轰烈烈的示威游行运动。1960年3月31日，非洲人国民大会率领民众发起了一场全国范围的反通行证制度的活动。

第四章 谁说白人是上帝的选择

从计划的制定、宣传，到运动的开展，非洲人国民大会都进行了详细而周到的部署。加上人们对通行证制度的不满情绪，运动从发起之初就得到了全国人民的支持，各地纷纷响应。这次运动取得了圆满的成功，非洲人国民大会也在全国人民心中树立起一个光辉的形象，其组织能力、领导能力得到了广泛的承认。

然而，刚成立不久的阿扎尼亚泛非主义者大会看到国民大会的光辉业绩，他们不禁眼红不已。其实，在运动开战之前，非洲人国民大会曾经向其发出邀请，希望能同仇敌忾，共同发起这次运动，却被他们拒绝了，还声称将会提前十天发起一场由他们单独领导的抗议运动。

阿扎尼亚泛非主义者大会也的确这么做了，只不过，这个新生的组织并没有非洲人国民大会拥有那么强的号召力，而且也缺乏足够的经验，更没有详细周到的计划部署。导致他们发起的运动情况很差，支持者也并不多。看到非洲人国民大会的大好形势，他们很投机地去邀请非洲人国民大会联合发起运动，但是非洲人国民大会对他们这样的行径很是不屑，毫不犹豫地拒绝了。

阿扎尼亚泛非主义者大会发起的抗议通行证运动是在1960年3月21日发起的。这个寻常的日子，也因为这次运动而变得不寻常起来，只是这个"不寻常"的代价太大。1960年3月21日，索布克韦率领着众多会员、群众上街游行示威，当浩浩荡荡的队伍经过奥兰多警察局的时候，很多人都被突袭的警察逮捕了，包括索布克韦。

在监狱里，索布克韦始终坚持着"不保释、不辩护、不缴纳罚金"的原则。这可以算是"非暴力"的斗争方式了，然而这样的斗争方法，对于毫无人性的南非白人政府来说是根本不管用的。本来，索布克韦以为自己只会在监狱里蹲上几周，却万万没有想到，残酷的白人政府将他足足判了三年刑期。

阿扎尼亚泛非主义者大会的号召力虽然较弱，但是局部地区也有凝聚力较强的组织。在约翰内斯堡南部的一个叫做沙佩维尔的小城镇，阿扎尼亚泛非主义者大会得到了当地很多人的支持。会员们甚至带领着一批年轻的激进分子包围了警察局。然而，残暴的警察对这些手无寸铁的人毫不留情，用机枪对着人群扫射。

刺耳的枪声响彻沙佩维尔的上空，人们呼喊着，奔逃着，最后，有400多人受伤，69人丧命。

这件事震惊了整个世界。许多国家纷纷向南非政府展开声讨，要求其实行种族平等。阿扎尼亚泛非主义者大会的名字也随着这件事为世界各国所知晓，成为了一个英雄的代名词。

不过，他们的失败也让曼德拉看到了一个血的教训：没有周到的准备、详细的部署以及充分的宣传与动员工作是无法让运动走向成功的。

第五章
艰难与痛苦的岁月

1. 政府终于采取行动了

压迫与反抗总是并存的,两者的力量决定着各自的命运,为了镇压反抗的民众,统治者也会施以更加严酷的手段。随着全国各地反抗运动的此起彼伏,南非白人政府的高压手段也用在了反抗的人群上。

1960年4月8日,南非白人政府通过《非法组织法》,将非洲人国民大会和阿扎尼亚泛非主义者大会都列为非法组织,并规定,如果有人参加非洲人国民大会等非法组织,或者违抗这个法律,就将会被判处五年以下的徒刑,500英镑罚款,鞭抽十下,或是其中的两项并罚。如果有人坚持参加,就会被处以十年以上的监禁。

制定这样严酷的法律,司法部长弗朗索瓦·伊拉斯摩斯是这样解释的:"他们的目的是要南非任何主张白人至上和白人领导的白人政府屈膝投降,他们不指望和平和秩序。他们需要的不是让南非所有的班图人一天挣一英镑,他们要的是我们的国家。"在白人当局看来,只要是反抗他们残暴统治的,就一定是要颠覆自己的政权。他们根本没有意识到,黑人要求的只是一个和白人平等的地位,一个没有种族隔离的社会,一个不会因为拥有黑色肌肤就会遭到冷遇歧视的社会。曼德拉一直致力于民族解放的运动,他想要的也不过是一个平等、公正的社会,而不是推翻白人当局。

对于非洲人国民大会和阿扎尼亚泛非主义者大会来说,白人当局的做法无疑是一个晴天霹雳。

一天坦博正在开普敦的一个工会的办公室召开会议,忽然传来一阵急促的敲门声。进来的是一位黑人妇女,跑得上气不接下气的,她告诉坦博等人："快走！警察就在那边的办公室搜查。"坦博慌忙从后面的楼梯溜下楼，一直逃到街心。街头的卖报人叫卖着："卖报！卖报！维沃尔德已宣布非洲人国民大会和阿扎尼亚泛非主义者大会非法！"

当天，坦博化装成司机，连夜开车到了约翰内斯堡，与非洲人国民大会的领导人商量后，由非洲人国民大会派人驾车将他送到贝专纳兰（今博茨瓦纳）的边境。凌晨三点，他偷越国境，申请了政治避难，并在那里建立了境外非洲人国民大会组织，与国内的反抗战争遥相呼应。

曼德拉却没有坦博那么幸运。在一个深夜，熟睡的曼德拉被一阵急促的敲门声惊醒。那一刻，他就已经意识到，政府终于采取行动了。

果不其然，敲门的是六名警察，他们不分青红皂白地冲进曼德拉家里，像一群土匪一般翻箱倒柜地收缴了曼德拉家里所有"有用"的资料，然后逮捕了曼德拉。

到了纽兰警察局，曼德拉发现有几个同事也被逮捕了。

那天夜里，被逮捕的人多达40多个。两天后，他们被押往比勒陀利亚地方监狱，等候他们的"叛国审判"。

这次大批逮捕，白人政府是有预谋的，全国有2000多人未经审判就被直接投入了监狱。为了防止有人反抗或者发生暴动，政府还特意在各个战略地区派遣了军队驻扎，以备万一。刚刚成立一年多的阿扎尼亚泛非主义者大会对这次政府的突袭毫无思想准备，尤其是在索布克韦等领导人被捕后，组织内部一片混乱，几乎崩溃。

所幸，在1952年，曼德拉就提出了一套"曼氏方案"，以防有一天组织失去合法地位，便可以迅速转入地下继续活动。非洲人国民大会被宣布为非法组织后，这个计划很快运转起来，它为城镇支部保存了一部分基本力量。非洲人国民大会全国执委会拒绝解散，也根据这个计划转入地下活动，继续组织和领导着群众。

曼德拉等人被捕后，法院便开始了对于新一轮的"叛国审判"的筹备。不过因为鲁图利酋长被批捕无法去法院作证，法官只好延期开庭。鲁图利酋长被捕的时候，因为弯腰去捡掉在地上的帽子而被警察扇了耳光。对鲁图利酋长来说，这不仅仅是身体上的伤害，更是精神上的侮辱！曼德拉得知后义愤填膺地说："这让我难以容忍。一个有尊严、有成就的人，一个终身信仰基督教的人，一个身患心脏病的人，竟然受到一个不配给他提鞋的人畜生般的对待。"

其实，白人警察对鲁图利酋长的粗暴行为只是众多黑人饱受侮辱、虐待的一个缩影。

关押曼德拉等人的比勒陀利亚地方监狱离约翰内斯堡有一段距离，加上政府宣布的紧急状态影响，身在约翰内斯堡的辩护律师们和曼德拉等人沟通案件情况很是困难，最后一气之下集体退出了这个案子。曼德拉等人经过商讨后，决定由有丰富的辩护经验的曼德拉和杜马·诺克威来充当辩护律师。这样一来，他们也可以更加直接地向法庭陈述自己的观点。

五个月后，政府觉得危机已经过去，被宣布非法的非洲人国民大会和阿扎尼亚泛非主义者大会已经没有能力再与之抗衡，便取消了紧急状态，曼德拉等人的辩护律师也回到了法庭上，形势得到了一定缓和，曼德拉也终于可以回家看望妻子和孩子了。

从监狱里出来，看到久违的阳光，呼吸新鲜的空气，那是一种怎样的快乐与自由！不过，曼德拉更惦记的是他的家人。归心似箭的感觉在他的心中疯长，回家这样简单的事情让他兴奋极了。

2. 短暂欢呼

为了国家，曼德拉放下了个人的小幸福，投身广阔的政治天地，然而家庭的温馨始终埋藏在他的心底，他热爱自己的祖国，也同样热爱自己的家人。

那时候温妮即将临盆，曼德拉的归来让她顿感非常幸福。然而，曼德拉的每一天都被各种事情填得满满的，和温妮在一起的时间非常少。除了政治上的事情，曼德拉还要努力养家糊口。律师事务所被关闭后，他又在克尔瓦德房产大街13号的一间屋子里继续营业，慕名前来的人挤满了房间。他经常奔走在工作场所和法院之间，就连在家吃饭的时间也很少。

1960年的圣诞节期间，曼德拉得知在特兰斯凯的儿子生病了，身为父亲的他赶紧急匆匆地前去看望儿子，并带他到约翰内斯堡的大医院进行治疗。当他带儿子到了约翰内斯堡，得知妻子温妮已经分娩了。

没能陪伴妻子度过那段煎熬的生产期，曼德拉感到很愧疚。曼德拉为自己心爱的宝贝女儿取名"金泽丝瓦"，意思是"你长得太像我了"。

尽管女儿降生了，曼德拉还是不能经常陪伴妻子和孩子。繁忙的工作与政治事务总是让他忙得团团转。因为政府将非洲人国民大会宣布为非法组织，并强迫其解散，非洲人国民大会除了将主干力量转入地下外，青年团和妇女联合会只能被迫解散。同时，他们也积极准备新建一个组织，继续未完的斗争。

非洲人国民大会成员在彼得马里茨堡召开联盟大会，并安排曼

第五章　艰难与痛苦的岁月

德拉在会议上发表讲话。临行前，曼德拉和全国执委会的委员们召开了一个秘密会议，决定将非洲人国民大会转移到地下，按照"曼氏方案"继续战斗。同时决定让曼德拉在以后的重大事件中公开露面，证明非洲人国民大会依然在坚持不懈地战斗。

对于曼德拉来说，这是一个艰巨的使命，他不得不离开家人。曼德拉说："当一个人被拒绝拥有他原本就该拥有的生活权利时，他别无选择，只能成为一个违法者。"

其实在这之前，曼德拉早已经过深思熟虑，作好了离开家的准备。他努力减轻温妮的痛苦，家中所有能想到的事情，所有他还能为她做的事情，他都会努力去做。温妮说："尽管他表现出那样坚强的意志和力量，但内心却充满柔情。"有一天，温妮在给丈夫洗衬衫的时候，在他的衣服口袋里发现了一张单据，那是他付了六个月的房租的收据。他们的汽车有了些毛病，曼德拉也突然修好了，停放在车库里。温妮意识到，"他正在试图减轻我的痛苦，想办法让我在没有他的情况下比较轻松地面对生活。"

在那段时间，曼德拉经常沉默寡言，对温妮欲言又止。他实在不想将这样残酷的事实告诉心爱的妻子。然而在这次会议之后，他必须告诉她了："不论审判的结果是什么，我都将不再回家。如果我被判有罪，我将直接走进监狱；如果我被判无罪，我将立刻转入地下。"

温妮依然表示理解。她没有问曼德拉会去哪里，也没有问他什么时候才能回来，只是给了丈夫一个深情的拥抱，鼓舞他，支持他。

然后，曼德拉又去前妻那里看望了孩子，再回到家里吻别妻子和女儿，才前往彼得马里茨堡。

参加联盟大会的有1400名代表，他们代表着150个不同宗教、不同文化与不同阶层的团体组织。在会上，曼德拉发表了讲话，号召人们成立全国大会，希望能够团结黑人、有色人和白人建立一个公正、平等的能够代表国家整体利益的团体。会议上，他们成立了全国行动理事会，曼德拉当选为名誉书记，担负着与政府沟通的重任。

联盟大会要求南非政府召开全国宪法大会，制定一部自由平等、没有种族隔离的宪法，并要求南非成立共和国。负责与政府沟通的曼德拉给政府写了一封信，但是并没有得到回复。

得到消息的南非政府还是倍感压力的。在全国黑人的呼吁声中，他们最终决定在1960年10月让所有白人投票来决定是否成立共和国。最终，投票结果以55%的票数通过了建立共和国的决议。

1961年5月31日，南非共和国成立。不过，新建立的共和国依然是白人所掌控的，他们只是改变了一个名字而已，种族隔离这座大山依然牢牢地压在黑人身上。

1961年3月29日，在经过了长达两年的等待后，曼德拉等人的"叛国审判"结果终于出来了。

法院的判决结果出乎所有人意料，包括曼德拉等人，也包括白人当局。法院虽然认为曼德拉等人希望以一种完全不同的政府来取代现政府，有着严重的左翼倾向，但是，根据他们目前所掌握的资料、证据来看，都不能充分证明非洲人国民大会有采取暴力推翻现政府的举动。宣判的大法官说："因为没有发现被告的罪行，所以，他们被宣布无罪释放。"

曼德拉和所有等待审判结果的人在听到宣判后兴奋不已。

然而，他们也知道，这样的局面不会持续太久。政府没有通过法院将他们一举击垮，还会采取其他手段。等待他们的，将会是更加严酷的斗争。

第五章　艰难与痛苦的岁月

3. 躲躲藏藏的生活

离开法院后，曼德拉并没有回自己的家。一个自由战士，随时随地都会面临各种危险，他非常想念自己的妻子和孩子，但是也正是因为这份想念，他不能回家——他不想让妻子和自己共同面对危险，更不愿当着妻子和宝贝女儿的面被残暴的警察逮捕。另一方面，在家里目标也太过明显，这样很容易暴露自己，给自己也给组织带来不必要的损失。

虽然法院放过了他们，但绝不代表政府也放过了他们。为了民族的解放事业，曼德拉等人秘密地坚持着，奋斗着，经常要和白人警察打游击战。

曼德拉在伊丽莎白港见到了几个报社编辑，并向他们表示希望能得到支持。之后又到开普敦见了南非有色人组织诗人乔治·皮克。皮克对曼德拉还是很友善的，还安排他住进了有色人开的一家宾馆里。但是，在当时，很多有色人都担心一旦非洲黑人掌握了政权，就会像白人一样对待有色人。所以当有色人经理得知了曼德拉的真实身份后，不无担心地向曼德拉表达了这个问题。曼德拉很坚决地告诉他，他们一定会按照《自由宪章》上所说的那样做，建立一个没有种族歧视的民主国家。

这样的答复让经理很安心。第二天，曼德拉又在德班参加了秘密召开的非洲人国民大会全国执行委员会和全国大会联合执行委员会召开的会议。在会议上，大家讨论了关于斗争方式的问题。沙佩维尔大屠杀给他们敲响了警钟，让他们看到了白人当局的狰狞面目。如果没有作好全面策划就贸然进行激进的罢工、游行，只会因为个人的英雄主义导致悲剧的重演。不能上街游行，那么既能表达自己的抗议情绪，又能保证自身安全的方法，就是在家静坐。这样不仅能够给政府造成打击，还不会给政府以反扑的机会。于是，在家静坐成了大家一致认同的斗争方式。

白人当局对曼德拉早已恨之入骨，看到他依然活跃在政治舞台上，很快便签发了曼德拉的逮捕证。逃亡的生活，如同一层阴云笼罩在曼德拉的头顶。

为了躲避白人警察的追捕，曼德拉不得不频繁地乔装打扮，有时候扮成司机，有时候扮成厨师，甚至是园艺工人。他没有时间仔细打理生活，甚至没有时间剃胡子，以至于胡子越来越长，甚至在白人当局那里留下了一个"大胡子"的印象。于是白人当局向人们散发的曼德拉头像上，便是一个大胡子男人。朋友们都纷纷劝说曼德拉把胡子剪掉，否则目标太明显。但是曼德拉觉得大胡子正好可以遮盖他的面部特征，再配上一身工作服，看起来就像是一个穷苦人，不会引起警察的注意。

躲避的时间久了，曼德拉也掌握了很多躲避的技巧。白人警察对曼德拉实施了很多次抓捕行动，最终都是空手而归。机智的曼德拉总是能逃掉警察的追捕，神不知鬼不觉地转移斗争场所。

当然，他能躲过多次的追捕，除了个人的机智外，也离不开他人的帮助，比如黑人警察。有一次，曼德拉装扮成司机在约翰内斯堡的一个偏僻的地方等待来接他的司机。忽然有一个非洲黑人警察走过来，让曼德拉吃了一惊，他刚要准备逃跑，那位黑人警察却只是很有礼貌地笑了笑，然后用手指向他行了一个非洲人国民大会的会礼，就走开了。在当时，曼德拉的名字已经在黑人中成了一个传奇，黑人警察们对曼德拉也是格外敬重。他们经常暗中帮助曼德拉，还告诉温妮不要让曼德拉在哪个时间段待在哪个地方，因为会有大批警察前去逮捕他。

因为白人警察总是抓不到曼德拉,也少有人知道曼德拉的藏身之所。媒体和民众们纷纷猜测曼德拉的藏身之处。因为他的藏身之所成了一个谜,曼德拉本人也成了一个谜。在群众眼中,他简直成了一个传奇。很多关于警察追捕他而落空的愚蠢故事也都流传开来,人们津津有味地讲着,笑着,仿佛逃跑也是别具趣味的。

曼德拉常常通过电话来联系其他会员,告知他们下一步的计划。很多时候,他们听着曼德拉熟悉的声音,却不知道他藏身何处。有人给曼德拉取了个绰号:黑色海绿花。在法国大革命的时候,有一个叫作巴洛耐斯·奥卡兹的人多次躲过了敌人对他的抓捕,于是人们称呼他为"红色海绿花"。

躲躲藏藏的生活,并没有让曼德拉产生丝毫的退却之意,相反,他的意志更加坚强。全民族的解放如同光辉的太阳,让他奋不顾身地追逐不息。有家难回,但是他并不感到孤独,因为家就在自己的心里,那份温暖,也是他斗争下去的动力。

4. "民族之矛"

"非暴力不合作"运动之父圣雄甘地曾经说过,他的主张并不适用于纳粹德国。南非白人政府的凶残冷血程度,也远远超过甘地在印度所面临的英国殖民政府。事实证明,"非暴力不合作"的斗争方式在南非并不适用。

为了镇压反抗的组织与群众,白人当局大力发展军事力量,其警察人数在 1955 年只有 20 000 人,到 1962 年已经达到 50 000 人。为了能随时随地镇压反抗者,他们还有组织地把白人都武装起来,比如成立狙击小组、步枪俱乐部、妇女手枪俱乐部等组织团体，培养白人武装力量。

为了反抗白人政府的压迫，一些黑人农民组织也加入到了反抗的行列之中。他们在夜间聚集在树林或者山区举行集会。然而就是这样隐蔽的时间与地点，他们还是没能逃过警察的魔爪。1960年8月，人们在特兰斯凯的恩库扎山集会的时候，被警察发现，残暴的警察不由分说向人群开枪，打死11人。1962年12月，人们在特兰斯凯的卡马塔举行集会时又遭到了警察的开枪射击，死亡6人。

残暴的压迫，让人们已经忍无可忍。在国庆节即将到来的时候，非洲人国民大会准备举行大罢工。政府为了阻止他们的罢工活动，明确禁止人们召开会议、散发传单。但是非洲人国民大会成员毫不惧怕政府的恐吓，依然以口头宣传演讲、散发传单等形式呼吁人们团结起来，参加这次大罢工。政府逮捕了一些非洲人国民大会的成员。不仅如此，为了进一步震慑广大民众，他们还在大罢工的前两天举行了历史上最大规模的阅兵仪式。街道上坦克轰隆前行，天空中飞机呼啸而过，想通过这样的炫耀打消民众的反抗意识。

不过，5月29日，轰轰烈烈的大罢工还是如期举行了，政府的恐吓并没有起到多大作用。

在约翰内斯堡、开普敦、德班等地，很多人冒着失业的危险没有出去上班，而是在家中静坐，以示抗议。

白人的国庆节喜悦气氛被这场轰轰烈烈的大罢工搅得一团糟。白人当局更是愤怒不已，他们出动大批警察开始了全国范围的暴力镇压。大罢工刚刚呈现的一片大好形势很快就不见了，在冰冷的枪弹面前，那些高声的呼喊显得苍白无力。南非政府的狰狞面目，已经清晰地呈现在世人面前。曼德拉意识到，是时候采用暴力斗争了。

罢工的第二天，曼德拉对媒体说："如果政府坚持使用暴力镇压我们的非暴力运动，我们将不得不重新考虑我们的斗争策略。在我的心目中，我们将会翻过非暴力这一历史篇章。"

暴力斗争的想法在此前就曾经在曼德拉心中出现过，只是时机还不成熟，并未得到实施。面对白人当局的残酷镇压，他们已经没有选择，如果继续采用非暴力的斗争形式，那么只能造成无谓的牺牲。

不过，在非洲人国民大会内部，还是有很多人反对用暴力手段反抗政府。在随后的会议上，曼德拉正式提出了自己的观点，立即遭到了很多人的强烈反对。摩西·考塔尼斥责曼德拉道："如果我们听从了你的武装斗争，无异于将无辜的人民送到政府的屠刀下让他们屠杀。"考塔尼的顾虑也是有道理的，很多人站在了考塔尼的一边。这次会议最终不欢而散。不过，这并不能动摇曼德拉的决心。后来，西苏鲁安排曼德拉和考塔尼单独见面，商讨关于暴力斗争的问题。这一次，雄辩的曼德拉将考塔尼说得心服口服，他终于同意了暴力斗争的方式。

在德班执行委员会的会议上，曼德拉再次提出了暴力斗争的观点，和上次一样遭到了一些人的反对，尤其是鲁图利酋长。不过，这一次曼德拉已经有心理准备，他将目前的形势仔细分析给大家看，晓之以情，动之以理，终于劝服了反对者。

既然要选择暴力斗争的方式，那么就必须有一支属于自己的军队。为此，鲁图利酋长召开了大会进行商讨，虽然依然有人反对，但最终还是通过了建立军事组织的决议，并决定由曼德拉创建这支军队，取名为"民族之矛"。

为了防止军队失败而连累非洲人国民大会的整个组织，大家决定让"民族之矛"与非洲人国民大会保持独立。大会还授予了曼德拉优先选择人才的权力，由他自由挑选"民族之矛"的组成人员与合作者。

1961年6月26日是"国庆大罢工"九周年的纪念日。这一天，曼德拉向媒体发出了一封公开信，向民众宣布他们的斗争策略由"非暴力"转为"暴力"，并号召全国的民众团结起来，"黑人的全部力量必须动员起来，撤消与南非国民党政府的一切合作"，呼吁人们共同反抗政府的压迫，实现全民族的解放。

曼德拉还向全世界呼吁，要求国际组织开除南非政府，呼吁世界各国断绝与南非的经济和外交关系。曼德拉说："斗争是我的生命。我将继续为自由而斗争，直至我生命的终结。"踏上这条漫漫自由路，曼德拉从未想过回头。为了心中的愿望，他会矢志不渝地前行，"我将和你们肩并肩与政府进行斗争，一点一点，一步一步，直到赢得胜利"。

5. 刺向白人政府

"民族之矛"在1961年11月正式成立，由曼德拉、西苏鲁、乔·斯洛沃组成最高领导机构，先是由曼德拉担任总司令，后来雷蒙德接任了这个职位。

长矛是几个世纪以来非洲人抗击白人入侵的主要工具，为这支新生的军队取名为"民族之矛"，表明曼德位他们要用这把以人民的愤怒锤炼的长矛刺向白人的政府。

这是一支斗志昂扬的新队伍。曼德拉等人从南非各地招募志愿者，不分种族与肤色，共同的愿望让他们组成一个整体。

为了能率领好这支队伍，对军事一窍不通的曼德拉不得不阅读大量的军事书籍，有时候还会和招募来的志愿者们一起训练爆破术

第五章 艰难与痛苦的岁月

等行军技能。

"民族之矛"的士兵们不仅需要接受军事训练，还要接受政治训练，让他们明白自己为什么要拿起武器，为什么而战。曼德拉说："革命不只是扣动扳机而后射击那么简单。革命是一个以夺取政权为目标的组织。"他让士兵们明确自己的方向，知道自己应该做什么，怎么做。

因为"民族之矛"与非洲人国民大会是相互独立的，在召开会议时也经常会出现冲突。一些人因为既参加了非洲人国民大会，又参加了"民族之矛"，无法同时参加两个地方的会议，便只能选择其中一个参加。"民族之矛"的会议一般都是比较机密的，不能轻易告诉别人。有时候非洲人国民大会的领导问他们的成员去什么地方，他们往往只能敷衍地回答"我参加了一个会议"，而再追问他们参加了什么会议时，他们只能回答"我不能说"。这让一些领导非常生气，参加了两个组织的会员便出现了"忠于非洲人国民大会还是忠于'民族之矛'"的问题。为了解决这个问题，曼德拉让"民族之矛"的成员上报他们在非洲人国民大会的上级领导，然后再与他们沟通，说明原因。

在斗争策略上，他们提出了四个方式：公开进行革命、开展游击战、搞恐怖主义以及搞破坏。为了尽可能地避免人员伤亡，曼德拉等人采取了最低烈度的暴力方式——搞破坏。比如偷偷破坏南非政府设置的一些公共设施（如交通、通信、电力设施、重要厂矿、军队驻地等），这样不仅能给白人当局造成心理上的恐慌，同时也能吓阻外国投资者，削弱南非政府的经济实力。

采用这种方式，既能让白人当局接收到他们的抗议情绪，同时也保证了自身的安全。毕竟，白人当局的力量还是很强大的，如果与他们产生正面冲突，无异于以卵击石。

这样做的目的,无非是把白人政府拉到谈判桌上,让他们倾听南非黑人的心声,以谈判的方式让白人改变对黑人的态度。如果白人政府还是不愿意进行谈判,在别无选择的情况下,他们才会开展游击战等活动。

曼德拉等人将首次破坏活动定在 12 月 16 日。对于南非白人来说,这是一个盛大的节日。1838 年,白人领袖霍迪夫率领布尔人军队进入了祖鲁人领地,祖鲁国王丁刚率领军队奋起迎击。那一年的 12 月 16 日,双方爆发激烈的"血河之战"。在此前,布尔人一直处于劣势,伤亡惨重。在"血河之战"的前一天晚上,布尔人向上帝许愿,如果次日能在战斗中将祖鲁人打败,他们将在以后每年的 12 月 16 日祈祷还愿。第二天,激烈的战争打响了。祖鲁人手持弓箭长矛,而布尔人的武器却是先进的枪炮,因为武器相差悬殊,有 3000 多名祖鲁人战死沙场。他们的鲜血染红了恩康姆河,"血河"之名由此而来。祖鲁人战败了,这一天成为了他们永远的耻辱日、悲痛日。从此,黑人的苦难便排山倒海般袭来,将他们压得喘不过气来。南非黑人把这一天当成白人屠杀黑人开始的哀悼日,而南非白人却把这一天当成他们的胜利日。

1961 年 12 月 16 日,约翰内斯堡、伊丽莎白港以及德班的政府办公楼和发电厂纷纷响起了爆炸声。声音如雷鸣般响彻城市的天空,让那些沉浸在节日喜庆中的白人都感到分外震惊。他们被这恐怖的声音吓坏了。

不过,在这次大破坏的过程中也出现了一个意外,一名"民族之矛"的成员在爆破的过程中因为疏忽意外身亡。对于曼德拉等人来说,这是令人伤痛的,而南非政府却以此事嘲笑他们是一群愚蠢的外行人。

再过两周就是新年了。曼德拉对外宣传说,将在除夕进行一系列的爆炸。他希望能用这爆破的声音警告南非政府。然而南非政府依然采用高压暴力的手段：组建一批特警部队，专门抓捕"民族之矛"的成员。他们要求曼德拉立即解散"民族之矛"，但是遭到了曼德拉的拒绝。

浓浓的火药味，已经在预示着新一轮的战争。虽然曼德拉在心理上早已作好了准备，但是要想让自己的军队更加强大，就必须拥有足够的物质力量。为此，曼德拉又开始了新的旅程。

6. 国外之旅

破坏运动对白人当局的损失并不大，但是其威慑力已经足以让他们感到害怕。白人意识到，一旦黑人展开暴力反抗，没有谁会是安全的。白人当局加紧了对曼德拉的抓捕，但是曼德拉神龙见首不见尾，抓捕多次都是以失败而告终，这让白人当局愤怒又害怕。

正好在这个时候，非洲人国民大会接到了来自非洲东非、中非和南非泛非自由运动组织的邀请，希望他们派重要领导人前往埃塞俄比亚首都亚的斯亚贝巴参加1962年的大会。非洲人国民大会经过商榷，最后决定派曼德拉前去，并借此机会走访非洲及欧洲各国，一面介绍、宣传非洲人国民大会领导的民族解放斗争，一面寻求支持援助。

曼德拉组建的"民族之矛"也正面临着经费问题。如果此行能得到其他国家的经济援助，也是最好不过的。

本来，曼德拉是不愿离开南非的，但是经大家劝说，他毅然决然挑起了这个重任。临行前，曼德拉和妻子温妮在朋友家见了一面。得知丈夫要去其他国家，温妮很支持，但是也不无担心。他们两个人整整聊了一夜，温妮一直鼓励着丈夫，支持着丈夫，这让曼德拉觉得她"与其说是我的夫人，倒不如说更像是一名战士"。

就像坦博逃离南非时一样，曼德拉也不得不采用偷渡的方式前往他国。1962年1月，曼德拉偷渡越过了南非北部与贝专纳兰交接的国境线，成功逃离了南非政府掌控的范围。在坦噶尼喀，曼德拉第一次发现白人和黑人能够毫无拘束地平等交谈。在那里，曼德拉意识到自己置身于一个非洲人当政的国家，半生第一次，他感觉到自己是一个自由人。虽然，他在自己的国土上是一个正在被通缉的逃犯，但是在这里，他却感觉到了前所未有的轻松与自在。在这里，人们不会因为肤色的不同而将人划分成高低贵贱不同的等级。曼德拉第一次切身体会到，衡量个人好坏的标准并不是肤色，而是其内在的素养和品质。虽然这是远离家园的异国他乡，但是曼德拉却找到了家的感觉。

在加纳的时候，曼德拉还见到了他的至交好友、律师事务所的合伙人、一起为民族解放运动奋斗的战友坦博。坦博离开南非仅仅一年多的时间，就已经在加纳、英国、埃及、坦桑尼亚建立了非洲人国民大会的办事处。他凭借自己的外交才能，让非洲人国民大会的名气闯出了南非，也得到了更多国家的支持。

曼德拉和坦博在加纳的机场见了面。在看到对方的时候，两个人都感到很惊诧，曼德拉因为连日的奔忙衣衫不整，显得有些狼狈，而坦博也一改以前西装革履的样子，穿着随意，不修边幅。两个人看了彼此一眼，惊诧之后，便立即理解地笑了，高兴地拥抱在一起。

在这一段国外旅程中，坦博一直和曼德拉在一起，两个自由战士并肩前行，完成这一次的任务。

他们先是乘飞机从加纳的首都阿克拉飞到了埃塞俄比亚的首都亚的斯亚贝巴。在飞机上，他们还遇见了以前的老朋友高尔。虽然

第五章　艰难与痛苦的岁月

高尔加入了阿扎尼亚泛非主义者大会，与曼德拉各自代表着不同的政治立场，但是两个人的友情一如当年。他乡遇故知，对于每个人来说都是人生一大幸事。

在飞机上，曼德拉还看见了一个黑人飞行员。飞行员是一种很高级的职业，曼德拉第一反应是"黑人怎么能够开飞机呢？"继而又陷入了一种深深的自责中，因为他发现南非政府多年来的洗脑式教育已经给他的辨识能力与情感偏向造成了严重的后果。无论是黑人还是白人，他们都是平等的，肤色不能判断一个人的智力、能力以及人格的高低贵贱。

他们很快到了埃塞俄比亚。有着"犹大之狮"美誉的埃塞俄比亚皇帝海尔·塞拉西检阅了一支由500名黑人士兵组成的队伍。那是一个非常震撼人心的场面，曼德拉不无惊叹地说："我平生第一次看到黑人将军指挥下的黑人士兵接受来自世界各地的黑人领袖的欢呼和喝彩。那一刻，我非常希望这一幕早点出现在我的国家里。"

检阅的场面让曼德拉震撼，也让他钦羡。黑人士兵的威武雄壮，也点亮了他心中的希望。他相信，总有一天，这样的场景会出现在他的祖国，黑人同胞们不再饱受歧视，可以自由做自己想做的事情，拥有和白人一样的平等地位。

在这里，曼德拉见到了来自世界各国的领导人。在与他们交谈的过程中，曼德拉惊讶地发现，阿扎尼亚泛非主义者大会的名气竟然远远在非洲人国民大会之上，很多人知道非洲人国民大会，是因为先知道了阿扎尼亚泛非主义者大会才知道了这个组织，还有不少人根本没听说过非洲人国民大会的名字。沙佩维尔大屠杀虽然使阿扎尼亚泛非主义者大会受到了损失，但是却使阿扎尼亚泛非主义者大会的名气远播海外，在世界人民心中留下了深刻的印象。而最令人气愤的是，阿扎尼亚泛非主义者大会在国外诋毁非洲人国民大会的声誉，大肆宣扬非洲人国民大会是南非共产党控制的组织，还把曼德拉新建的军队"民族之矛"说成是南非共产党和自由党异想天开的产物。这导致非洲人国民大会在很多国家遭到排斥。

不过，曼德拉向他们详细介绍了非洲人国民大会，让那些有误解的人改变了自己的观点，真正了解了这个组织。非洲人国民大会的名气，也在这些国家领导人中传开，这也意味着非洲人国民大会的名字也将在世界各国传播开来。

之后，曼德拉又访问了突尼斯、塞拉利昂、利比里亚、埃及、利比亚、苏丹、摩洛哥、英国等国家，还得到了突尼斯、利比里亚、加纳等国的资金支持。一些新独立的非洲国家对曼德拉非常热情，并对他们的民族解放斗争表示强烈的支持。在利比里亚的时候，有一件事让曼德拉颇为感动。在他即将离开的时候，总统在他耳边小声问他还有没有路费，曼德拉回答没有后，他又塞给了曼德拉一个装有400美金的信封。

1962年7月底，曼德拉结束了半年多的访问，回到了南非。当然，回国的方式依然是以偷渡的方式。南非政府早得知了曼德拉在其他国家的行动，只是消息比较滞后，知道曼德拉在哪儿的时候，曼德拉已经又换地方了。所以，他们只能在国内布下天罗地网，等待曼德拉的归来。

7. 布下天罗地网

终于能回到自己的祖国，曼德拉兴奋不已，纵然那里布满了危险，但是毕竟那里有他的家，有他的亲人。见过了其他国家的自由状态，曼德拉也在发誓，一定要实现民族解放的愿望，让每一位黑

第五章　艰难与痛苦的岁月

人同胞都能享受到那种自由的快乐。

然而，斗志昂扬的曼德拉还不曾意识到，危险正在一步步向他逼近。

曼德拉在立里斯里夫农场见到了前来迎接的非洲人国民大会的一些成员。终于见到故人，曼德拉满怀兴奋与激动地向大家讲述了自己在国外的一些经历，包括得到多国援助与支持的事情。之后，他又去见了鲁图利酋长，告诉他如果搞破坏活动不能达到理想效果，那么他们只能采取游击战的斗争方式。

离开德班，曼德拉在1962年8月5日返回约翰内斯堡。在车里，他还在和塞西尔谈论如何实施破坏计划，忽然发现有两辆白人的车跟在后面向他们喊话，示意他们停车。曼德拉立即预感到大事不妙。

那一刻，曼德拉第一反应是逃跑。然而环顾四周，发现周围全是长满了树的河堤，开车逃跑的话，两辆车很容易就会将他们的车围堵；跳车逃跑的话，那些凶残的白人警察肯定会开枪向他射击。

曼德拉还没来得及决定到底逃还是不逃，其中一辆车便超到了他们车的前面，另一辆车依然跟在他们后面，两辆车就这样把他们围堵在中间了。

他们只能停车，两辆车里的白人立即将他们包围起来。果不其然，那些人都是白人警察。其中一个警察表明身份后，开始向曼德拉问问题，然后出示了逮捕证，对曼德拉和塞西尔宣布道，你们被捕了。

曼德拉曾经想过用自己身上的一把连发左轮手枪和200多发子弹与警察们搏斗一番，但是白人警察人多势众，曼德拉没有太大的胜算，便只能作罢。

从曼德拉被通缉到被捕，持续了17个月。在这17个月里，曼德拉有家难回，除了在国外的那段时间，他一直过着躲躲藏藏的日子。即便在国外，警察也依然想尽办法地追踪着他。警察们频繁骚扰着温妮，甚至好几次到他们的家中搜查。但是无论生活多艰难与危险，温妮都始终任劳任怨，并用行动支持着丈夫。

曼德拉和塞西尔被警察带回了彼得马里茨堡的警察局，之后被关押在了不同的牢房里。面对周围的铜墙铁壁，曼德拉开始认真思考——也终于有时间，他可以认真思考自己面临的现状，思考过去与未来的种种问题。他曾经想过自己有可能被捕，但是身为自由战士，他不愿意承认这样的事实。看着身边冰冷的环境，那一刻曼德拉忽然觉得自己并没有作好坐牢的准备。他的一切精力，都投放到了战斗上。

这样的处境让曼德拉感到不安。他不知道究竟是什么原因，警察竟然会那么顺利地发现了自己的行踪。他怀疑是有人向警察告了密，在他回国的前几个礼拜，报纸头条就刊登了题为"黑色海绿花的归来"的报道，那时候他还在亚的斯亚贝巴。也许，在那个时候就已经有人获悉了他的行踪甚至行程计划，所以一回国马上就被警察盯上了。

回想起刚回国的几天，曼德拉不禁为自己的放松警惕而自责。在动身去德班之前，他还曾搞了个晚会，这也导致太多人知道他的行踪。也许，告密者就来自德班，当然，也有可能来自约翰内斯堡。那么这个人会是谁呢？是来自组织内部的人，还是朋友甚至是亲属呢？然而，这种漫无边际的猜测是毫无价值的，筋疲力尽的曼德拉很快进入了梦乡。至少在这一天晚上，他可以舒舒服服地睡个觉了，再也不用担心警察是否会来捉他，"因为他们已经找到了我"。

第二天上午，曼德拉被正式押送到约翰内斯堡。两位送他的警察对他似乎特别信任，没有给他戴手铐，没有对他采取任何安全措施，只是让他轻松地坐在轿车的后排座位上。途经沃尔克斯拉斯特小镇的时候，车停了下来，他们还让曼德拉下车散步，休息一下。在这种情况，曼德拉是有机会逃跑的，但是他不想利用别人的信任去做对不起他们的事情。善良，是从他的灵魂深处生长出来的，就算自己面临着天大的灾难，曼德拉依然不愿意踩着别人的身体逃避灾难。

曼德拉被押送到了马歇尔广场监狱，关押在一个单独的牢房里。周围是死一般的寂静，但是这更有利于他思考问题。正在曼德拉考虑着第二天的对策时，忽然听到附近牢房传来一阵熟悉的咳嗽声。曼德拉不禁精神一振，一下子坐了起来，向那声音的来处问道："西苏鲁，是你吗？"

那个声音立即回应道："曼德拉，是你吗？"

那个人果然是西苏鲁。两个人怀着复杂的心情笑了，这笑声中有安慰，有惊奇，有失望，也有高兴。虽然两个人都被捕了，但是还能见到，终究是令人兴奋的。那一夜在两个人的交谈中似乎过得特别快，曼德拉将自己被捕的经过和在德班的活动情况都一一讲给了西苏鲁。

此时的曼德拉还不知道，等待他的，将是长达 27 年的囚禁生涯。从 1962 年 8 月 5 日到 1990 年 2 月 11 日，这期间，曼德拉遭受各种磨难，一个自由战士的峥嵘岁月，在历史的书页中即将翻开另一种斗争的篇章。

8. 越　　狱

尽管前方的路荆棘满布，但是曼德拉已经作好了准备。第二天一大早，曼德拉就被带进了法院进行审判。

在这里，曾经身为律师的曼德拉遇见了几位以前很熟悉的律师，包括审判的大法官。他们很尊重曼德拉，甚至对他大加夸赞。但是曼德拉在受到称赞的时候感到有些奇怪，他觉得自己是一个罪犯，而且是一个很难抓到的、政府最想抓到的、在地下坚持斗争达一年以上的第一号重刑罪犯，却仍然受到了法官、律师和旁听者们的尊重和职业礼遇。曼德拉意识到，在他们眼中，自己依然是一个律师，而不是罪犯，这让曼德拉的精神振作起来。

曼德拉自己为自己辩护，他的主要目的是把政府推上法庭。法庭控诉他的"罪行"：鼓动非洲人罢工，没有有效旅行文件擅自出国。所幸，这些罪状还不算严重，政府并没有发现他领导"民族之矛"搞破坏的事情，如果这件事被发现的话，他就会被指控犯有更严重的叛国罪或者破坏罪。

那天温妮也到了法庭，坐在旁听席上。曼德拉在准备离开法庭的时候才看到她，那张美丽的面庞写满了悲凉与忧伤。想到以后生活的担子将要全部落在她一个人的身上，独自抚养两个孩子，想到她可能会面临的种种困难，曼德拉满心担忧与愧疚。然而身为丈夫的他，在此刻唯一能做的事情就是给她一个宽慰的笑容。他希望这个笑容能够给温妮带去慰藉，让她不要担心。

曼德拉从法院走出来并被带进一辆密封的囚车。那一刻，围聚在法院外面的数百名群众群情激昂，一起高呼"曼德拉""政权属于我们"的口号，当囚车缓缓发动的时候，很多人用拳头愤怒地击打着囚车，要求释放曼德拉。

曼德拉被关押在福特监狱几天后，又被转移到了比勒陀利亚。在福特监狱的时候，人们探望曼德拉比较方便，但是转移到比勒陀利亚后就很不方便了，这里离约翰内斯堡有很远的距离。当然，政府的目的就是将曼德拉和那些关注他的人隔离开来。这种隔离让曼德拉有些沮丧，但是斗争的意志在他心中依然丝毫不减。

期间，温妮来看望过他。他们深情地告白，亲吻，那一刻，积压了许久的情感像火山一般喷薄而出。温妮永远那样温柔而热烈地支持着曼德拉，无论丈夫发生什么事，她都矢志不渝地爱着他，鼓励着他。曼德拉陪她走到监狱门口，深深地凝视着她，那个美丽的倩影让他觉得"她看上去显得孤单且自豪"。曼德拉一直目送着心爱人的背影消失在路的拐角，一种浓烈的情感，依然在心中久久回旋着。

西苏鲁也很快被转移到了比勒陀利亚。虽然两个人并不在同一个地方关押，但是他们还是想办法联系上了对方。西苏鲁告诉曼德拉，他想保释，不是因为不敢面对铁窗生涯，而是身为非洲人国民大会总书记的他在监狱里完全无法发挥他的领导作用，他要实实在在地斗争，而不是在监狱里消磨时光。曼德拉很支持西苏鲁，但是他自己却不想申请保释。不想让别人觉得他不愿承担在地下斗争的后果，不愿让别人把自己看成胆小鬼。

虽然不愿意被保释，但是曼德拉无时不刻不在想着获得自由。他想到了越狱的办法，并根据监狱里的情况作出了一套周详的越狱计划。曼德拉经常留心观察监狱管理人员的活动规律和监狱里的锁的类型，并绘制了一张监狱的地图，偷偷地传给了非洲人国民大会。非洲人国民大会也觉得越狱的方法是可行的，并根据曼德拉提供的信息打造了一套周详的越狱方案：首先，他们预先买通监狱里的警察。其次，找人给曼德拉送去一件垫肩内缝有假胡子的上衣。最后，曼德拉假扮成一个大胡子逃出监狱，并由"民族之矛"的成员展开营救。

这套越狱方案看起来似乎很周详，但是曼德拉觉得成功率很低。"民族之矛"的战士们训练得还不成熟，让他们前来营救会有很大的风险，而且对组织的影响也会很大。最后，曼德拉决定将越狱的计划推迟到审判之后。

他们研究越狱的方案时，都是通过纸条秘密传送的。曼德拉担心被政府发现，一再叮嘱他们一定要把纸条在阅读后焚毁。然而，非洲人国民大会的人却觉得这些纸条有非同寻常的意义，应该当作历史资料保存下来。然而，正是这些没有来得及成为历史资料的纸条，后来给曼德拉带来了很大的麻烦。

曼德拉的被捕，让全国人民群情激愤。人们纷纷向政府抗议，要求释放曼德拉，非洲人国民大会还特意成立了以"释放曼德拉"为口号的"释放曼德拉委员会"。

审判曼德拉的听证会将在1962年10月15日进行。又是一个命运的渡口，前方是喜是忧，没有人知道。

我把一生献给你
曼德拉传
NELSON ROLIHLAHLA MANDELA

第六章
孤岛上的修行

1. 上帝保佑非洲

1962年10月15日对于南非来说就像一个定时炸弹。白人政府费尽心机地准备如何最大限度地处置曼德拉，而支持曼德拉的各个组织、黑人群众等则想方设法要从白人政府的老虎嘴中将曼德拉救下来。

"释放曼德拉委员会"决定在那天组织民众抗议，当曼德拉的囚车经过时，就蜂拥过去将车围住。然而道高一尺，魔高一丈，就在他们如火如荼地准备时，狡猾的白人政府突然把曼德拉转移到了比勒陀利亚，预定的抗议运动没能如期举行。

不过，曼德拉被转移的消息很快在民众中传开了。很多得到消息的人也赶紧转移了阵地，赶到了听证会现场，包括很多从曼德拉老家赶来的亲朋好友，温妮也在其中。

那天，曼德拉故意穿了一件传统的科萨民族的服装——露出一个肩膀的豹皮衣。他要用这件极具代表性的衣服将非洲黑人的民族传统、历史与文化统统背在身上，以一个黑人的身份在白人的法庭上给那些飞扬跋扈的白人留下深刻的印象。

当人们看到身着传统民族服装的曼德拉时，更加激动而振奋，纷纷高举拳头，大喊着"曼德拉""政权属于我们"……曼德拉后来说："当时，我感觉我是非洲民族主义的体现者，是非洲艰难和辉煌的过去和前途未卜的将来的继承者。"

这样的情景大大出乎白人政府和法庭的意料，他们不禁大为恐慌。这也正是曼德拉的目的，"我相信，法官们将会因我的豹皮服装而感到害怕，正如那么多的人害怕真正的非洲文化一样。"

因为曼德拉被突然转移到比勒陀利亚，没有来得及和自己的律师进行沟通，他申请延期两周再进行审理。不过，法院只批准延期一周。

在返回监狱的途中，一名白人警察走过来以一种央求的语气请求曼德拉把那件豹皮衣服交出来，并说如果他不能成功让曼德拉交出这件衣服的话，就会被解雇。

曼德拉很同情这位白人警察，但是他也不能因为同情而放弃自己的原则。他告诉警察："请你回去告诉你的监狱长，就说是我本人坚决不让步的，与你无关。"

白人警察只好空手而归，并把事情原原本本地讲给了监狱长。监狱长愤怒不已，只好亲自前往监狱和曼德拉交涉。他以一种命令的口吻逼迫曼德拉交出豹皮衣服，但是曼德拉毫不畏惧，并警告他："没有一条法律规定，受审时不能穿自己的民族服装，如果监狱方剥夺这一权利，我将上诉最高法院。"

最后，迫于无奈的监狱长只好妥协，但是只允许曼德拉在法庭上穿，去往法庭和回到监狱的路上都不能穿，因为这样可能会影响到其他犯人。

一个星期后，法院开庭。在这段时间里，曼德拉也作了认真的思考。逃避与辩解都是徒劳的，他决定接受法庭的宣判。但是他要让人们明白，自己是在怎样一种情况下才奋起反抗的。民族解放与自由是他心中最大的愿望，他将这场审判看作"对南非人民的远大理想而进行的审判"。

在法庭上申诉的时候，曼德拉说："我十分憎恨各种形式的种族歧视，我将与种族歧视斗争一生，直到我的生命结束。"这是对梦想的宣誓，也是给白人当局的宣战书。虽然此刻，曼德拉以一个嫌疑犯的身份站在法庭上，但是他向往自由的心从未被束缚。

为了证明曼德拉有罪，政府找了100多名证人前来作证。他们以为曼德拉一定会为自己开脱辩解，却没有想到曼德拉坦然承认自己的"罪状"。只是，他更注重将做这些事情的原因与背景陈述出来，他要让世人看清，自己是为了该有的权益而战，在这个法庭上被判处有罪的应该是白人政府！

虽然白人政府没有血性，但还是不乏有正义感的白人民众。这次开庭，曼德拉的陈述让公诉人宝施先生很感动，下一次开庭前，他特意去告诉曼德拉，自己拒绝继续担当此次审判的公诉人，因为"这是我在我的生涯中第一次藐视我做的事情，我请求法院判你坐牢是对我精神上的一种伤害"。然后和曼德拉握手，并祝他好运。

在法庭上，曼德拉进行了声情并茂的陈述，将自己与广大黑人同胞被白人政府的残酷压迫与白人政府热衷的种族隔离给自己和黑人同胞们带来的巨大伤害一一讲述出来："我不得不离开我的妻子儿女，告别美好的生活，结束我的律师事业。我也时常希望能够在饭桌上与家人团聚，而不是过着不断地被警察抓捕的生活……"

那些令人心酸的画面，在法庭上呈现在每一个人面前。如果不是被白人政府所迫，谁又愿意过着这种居无定所、有家难回的生活呢？

曼德拉坦然说："我准备接受法庭对我的判决，尽管我知道一个非洲犯人在这个国家的监狱里的处境是多么的悲惨和绝望。"但是"不管法庭决定判我什么罪""我将在刑满释放后继续前进，就像人们总会凭着他们的良心在前进一样"。

"我将凭借我对种族歧视的憎恨而继续前进，重新振作起来，为消除那些不公正，竭尽全力斗争，直到最后把这些不公正彻底消灭。"这是发自灵魂深处的声音，更是千千万万黑人的心声。曼德拉最终被判处五年监禁（鼓动工人罢工判刑三年，没有护照出国判刑两年，两罪并罚），而且不许保释。

那一刻，曼德拉从容而坚定地转过身，对着旁听席高高地举起拳头，高呼三声"政权"，然后和大家一起唱起了国歌《上帝保佑非洲》。

歌声久久地回荡在法庭上。在听到曼德拉被判了五年监禁后，旁听席上一阵骚动，甚至有人嚎啕大哭。但是这歌声让他们顿时精神抖擞起来，坚定的信念随着歌声刻在了他们的心中。曼德拉"出狱后继续竭尽全力斗争"的承诺让他们欣慰，也让每一个人都坚信，胜利一定属于他们。

2. 九十日拘留法

晦暗的牢门将阳光与监狱完全隔离开来。曼德拉被关押在比勒陀利亚地方监狱，开始了漫长的监狱生涯。

不过，一道小小的牢门永远阻止不了曼德拉那颗向往自由的心。为了民族解放的愿望，他的心早已飞出了牢门，和千千万万的黑人同胞站在一起，循着逐梦的路摸索前行。

曼德拉的那件豹皮衣服终究还是被狱方抢走了。取而代之的，是一套非洲黑人的囚服。在当时的南非，即便是对监狱里服刑的犯人，也存在着强烈的种族歧视。不同的肤色，穿的囚服，甚至吃的饭菜都是不一样的。除了囚服上衣以外，有色人的囚服下身是一条长裤，而黑人只能领到一条短裤。

这样的待遇让曼德拉很不服气。他说什么也不肯穿那条带有歧视色彩的短裤，不仅如此，还拒绝吃监狱的饭菜。

这让狱方生气又为难。最后负责看管曼德拉的雅各布斯上校还

第六章 孤岛上的修行

是同意了给曼德拉一条长裤,并提供给他喜欢吃的传统食物。不过,他也是有条件的,就是要将曼德拉单独关押,与别的犯人——尤其是政治犯隔离开来。

曼德拉同意了这个条件。不过,穿着长裤、吃着自己爱吃的饭菜的生活没几天便让他厌烦了。被独自关押,他没有一个人可以聊聊天,小小的牢房里甚至没有任何自然光,只有一盏24小时都亮着的灯泡。他没有手表,分不清白天黑天。牢房里没有任何书可以看,所有的时间都只能空空地浪费,不能做任何事情。这样的生活让曼德拉烦躁不已。他甚至觉得哪怕和一只虫子关押在一起也会高兴一些,看见蟑螂都想去聊聊天。

终于,这样的生活让曼德拉再也忍受不了了。"我宁愿挨一顿打也不愿意单独关押了!"后来曼德拉这样回忆说。他决定要用穿长裤、吃好饭的条件来换取不再被单独关押。

雅各布斯上校得知曼德拉的请求后马上同意了,并诡异地笑了笑,似乎早就预料到了这样的结局,得意地将曼德拉的长裤拿走了。

然而,与其他犯人关押在一起没几天,曼德拉又开始抗议了。他要求和监狱里的政治犯关押在一起。雅各布斯上校对曼德拉的这一要求很是生气,他警告曼德拉,如果再惹是生非的话,后果会很严重。尽管如此,他还是答应了曼德拉的要求。

与政治犯关押在一起后,曼德拉心情舒畅了许多。至少,与这些和自己情况差不多的自由战士在一起比较有共同语言。在这里,曼德拉还见到了阿扎尼亚泛非主义者大会主席索布克韦。阿扎尼亚泛非主义者大会和非洲人国民大会是水火难容的死对头,但是曼德拉并没有因为政见分歧而与索布克韦发生矛盾。相反,他主动去接近索布克韦,并和他探讨斗争的政策与策略问题。

那时已经是1963年,阿扎尼亚泛非主义者大会当初提出的在

1963年实现南非黑人的解放成了一句空话。曼德拉试图让索布克韦认清眼前的形势，不要再抱有不切实际的幻想。不管怎样，他们的目标是一致的，都是为了早日实现南非人民的独立与自由。所以，在共同目标的指引下，两个人相处得还是比较融洽的。

索布克韦于1960年5月4日被判处三年徒刑，本应在1963年5月3日释放，然而就在5月2日，南非总统斯沃特签署了臭名昭著的《一般法修正案》，又叫《九十日拘留法》，它规定警察可以不经法院审判对犯罪嫌疑人进行长达九十天的拘留，而且，这九十天可以无限期地延长下去。另外，它还规定政府有权对任何服满刑期的政治犯进行不定期监禁。这一条规定，其实就是为索布克韦量身定做的，因为这个原因，该条款后来也被称为"索布克韦条款"。

政府的一纸文书，使得马上要见到太阳的索布克韦再次堕入了人间地狱。此后，他被单独监禁在罗本岛长达七年之久，因为世界舆论的声讨，南非政府又假惺惺地把他转移到离他家乡约翰内斯堡300英里的金伯利，软禁在住所里。就算没有了人身自由，他也从未忘记民族解放的事业。他始终关注着黑人解放的运动，翘首企盼着黑人解放与自由的到来。在1962年8月得知曼德拉被捕入狱的消息后，他还满怀豪情壮志地给曼德拉写了一封激情昂扬的信，鼓励他要为人民的解放事业继续战斗。

这是一种坚强，更是一份勇敢。就算白人政府限制了索布克韦的人身自由，还会有千千万万个自由战士继续战斗。

与这些所谓的"政治犯"在一起，曼德拉可以和他们一起探讨斗争问题。时间久了，曼德拉渐渐习惯了这种生活。虽然他活动的空间极其有限，但是他思想的范围却覆盖寰宇。出国访问的时候，他也了解到了非洲其他几个已经取得了民族解放斗争胜利的国家的情况，无论是经验还是教训，都是值得借鉴的。

冰冷的铁窗里，是自由战士们炙热的希望与壮志豪情，他们期待着自由来临的那一天。曼德拉计划着出狱后继续为自由而战，然而，南非政府又怎么会那么轻易放过他呢？

3. 你好，罗本岛

南非政府对曼德拉似乎一直有强烈的戒备心，将他看成了头号危险人物，就算他已经被判了五年的刑期，他们还是不放心，恨不得将曼德拉与整个世界都隔离开，离自己越远，感觉越安全。

曼德拉在比勒陀利亚监狱住了有半年多，已经渐渐习惯了这种牢狱生活。1963年5月的一个夜晚，有一个警察忽然叫他收拾行李，之后带他到了接待室。在那里，已经有另外三名政治犯等他。监狱长告诉他们，将会把他们送到"一个美丽的地方"服刑。

其中一个政治犯问了一句是什么地方，监狱长回答说是"海岛"。

曼德拉和另外三名政治犯立即明白所谓的"美丽的地方"是哪里了。那是罗本岛——南非最大的秘密监狱所在地。

罗本岛是南大西洋上的一座小岛，面积大约13平方公里，距离开普敦海岸最近处11公里。罗本岛被人们称为"死亡岛"，曾一度被当作麻风病人和精神病人的流放地，后来被南非政府当作关押犯人的监狱，而且被关押在这里的绝大部分是黑人政治犯。

曼德拉早就听说过"罗本岛"这个名字。早在1819年的时候，科萨族的民族英雄马卡纳带领着战士们和白人殖民者交战，战败被俘后就被流放到这座岛上。后来他试图驾着小船逃离那里，却因为半途中遇到风浪不幸葬身大海。这是曼德拉小时候在摄政王王宫里听到的，从那时候起，他就知道了这个魔鬼一般的名字。罗本岛就像一座黑暗的人间地狱，有太多的黑人"政治犯"被关押在那里，甚至牺牲生命。

被白人政府看成眼中钉、肉中刺的头号危险人物曼德拉，被投到罗本岛监狱，他自己一点也不感到奇怪，只是从容接受了这个事实。他和另外三名政治犯一起被押上囚车，经过了整整一夜才到达开普敦，然后坐船登上了那个传说中的死亡岛——罗本岛。

刚刚一登上小岛，狱警就飞扬跋扈地对他们吼道："这里是罗本岛，你们将在这里死去！"

这仅仅是一个开始。他们在训斥犯人的时候就像训斥牲畜一般，毫不顾及任何人的人格尊严。恃强凌弱已经成为他们的一种生活习惯，对犯人打骂、凌辱都是常事。

曼德拉不服从狱警的管教，这让他十分生气。他警告曼德拉道："你们听着，这里不是约翰内斯堡，不是比勒陀利亚，这里是罗本岛。"看到曼德拉依然不听他的话，他更加愤怒了，"注意，伙计，我们会杀掉你们，我们不会骗你们。即使杀掉你们，你们的妻子和孩子也不会知道的。这是最后一次警告！"

这样的恐吓对于身经百战的曼德拉不起丝毫作用。他镇定地对狱警说："你有你的责任，我们有我们的责任。"最后，愤怒不已的狱警还是没有办法让曼德拉听自己的话。

当他们走进牢房的时候，两名狱警注意到其中一个政治犯头发比较长，便厉声呵斥他要把头发剪掉，并指着头发较短的曼德拉说："你的头发应该和他一样！"

看到狱警拿自己做样子，曼德拉立即指着自己的头发挑衅地说："哈，看这里，我头发的长短决定着规定！"

听到曼德拉的话后，狱警愤怒不已，甚至想对曼德拉动粗。那

第六章 孤岛上的修行

一刻,曼德拉感到了害怕。后来,曼德拉说:"你明明知道别人想动手打你,但是你却不能进行自卫,这更加让人害怕!"

成为阶下囚,很多时候就是"人为刀俎我为鱼肉"的状态。面对危险,曼德拉还是从容镇定,他以一种威胁的口吻说:"如果你要是敢对我动粗,我将带你去最高法院,当我打赢官司的时候,你会变得倾家荡产!"这只是在一时情急下脱口而出的。话一出口,曼德拉自己都感到惊讶。狱警若有所思,终于放下了拳头。不过,看到曼德拉这个人如此与众不同,他自然要了解一下曼德拉的情况,在他看到记录曼德拉犯罪情况的文件上写着曼德拉被判刑五年,便有些惊讶也有些得意地说:"哈,五年!你被判了五年还这么猖狂!"

曼德拉依然镇定自若,立即回击道:"我被判五年那是我的事!我准备坐五年的牢,但是我不能被人欺负,你必须按照规矩办事!"

曼德拉的强硬态度达到了一定效果。很多时候,自己的权益就是需要正当而强硬的维护,如果自己不去维护,便会被别人踩在脚下。曼德拉的做法是正确的,就算是面对强横的南非政府,曼德拉都不肯让半步,何况是一个小小的狱警呢。

在这座监狱里,曼德拉还遇见了很多阿扎尼亚泛非主义者大会的成员,其中竟然还有他的侄子。他的侄子问他是否加入了阿扎尼亚泛非主义者大会,这让曼德拉疑惑不解。后来,他才知道,原来是阿扎尼亚泛非主义者大会在他出国后到处宣扬他已经加入了自己的组织。阿扎尼亚泛非主义者大会的这种行为让曼德拉气愤不已。

也许人们都以为曼德拉会在罗本岛监狱里平平稳稳地服刑五年,包括曼德拉自己也这么认为。然而事情并不是想当然的那样,在曼德拉的面前,还会有更大的危险等着他。

4. 瑞沃尼亚审判

曼德拉在罗本岛监狱并没有待多久，就又被送到了比勒陀利亚地方监狱。对此，政府的解释是曼德拉在罗本岛监狱遭到了阿扎尼亚泛非主义者大会成员的殴打。对于这个离间非洲人国民大会和阿扎尼亚泛非主义者大会的荒唐借口，曼德拉哭笑不得。他感觉到，一定是发生了什么非常重大的事情。

曼德拉的感觉是正确的。在1963年7月11日的下午，就在"民族之矛"最高司令部的市纪委高级成员在瑞沃尼亚的一家农场里商讨破坏与游击战的计划时，突然遭到了大批警察的围捕。在场的人全部被抓获，包括刚保释不久的西苏鲁。连他们搞破坏和游击战的计划书等重要资料也都落入了警察手中，包括写有曼德拉越狱计划的那些纸条。几乎在同时，南非政府在全国各地侦破了多处非洲人国民大会和阿扎尼亚泛非主义者大会的据点，这两大重要的反抗种族歧视的组织几乎被一网打尽。

这些证据都是致命的。白人政府从这些文件中得知了曼德拉是"民族之矛"的创建者和领导者，所以按照"新发现新的犯罪行为"的司法规定将他从罗本岛监狱押到了比勒陀利亚地方监狱，接受新的审判。

曼德拉等人以破坏罪和阴谋颠覆政府罪被起诉，最高刑罚可以判处死刑——当然，这也是白人政府最希望的结果。

他们即将接受的审判很有可能会剥夺曼德拉等人的生命。一股死亡的气息在自由战士们中间弥漫着。面对咄咄逼人的政府，他们没有任何胆怯，每个人都挺起胸膛，骄傲而勇敢地与白人政府对峙。

第六章 孤岛上的修行

曼德拉见到了很多熟悉的人，大家相互鼓励着，无论眼前的境况有多危险，他们都一起面对，一起承担。紧张的氛围笼罩着人们，空气中弥漫着一种强烈的"山雨欲来风满楼"的气息。

有一次，看管他们的狱警幸灾乐祸地对曼德拉说："曼德拉，你以后再不必为睡觉而担心了，因为你将永久睡去！"这样挑衅而嘲讽的语言让曼德拉气愤，不过他依然很镇定，略微停顿了一下回应道："包括你在内，我们都将长久地睡去。"曼德拉的话让狱警讪讪地闭上了嘴巴，尴尬地离开了。

为了能置曼德拉等人于死地，白人政府可谓费尽心机。他们不仅从心理上给曼德拉等人造成一种威胁与压迫的感觉，还经常骚扰他们的家人。这种卑鄙的方式让曼德拉等人愤怒不已："很多自由战士能够忍受政府的任何打击，但是却无法容忍政府对他们家人的一丝一毫的打击。"

1963年10月9日，曼德拉等人被押送到比勒陀利亚的司法大厦接受审讯。

这是南非历史上最大的一次审判，曼德拉是第一号被告人，所以也被人们称为"政府诉纳尔逊·曼德拉及其他人"的审判，不过，大多数人还是习惯于称其为"瑞沃尼亚审判"。

尽管警察采取了各种威胁手段，但是旁听席上的民众还是挤得满满的。在审判的时候，有很多人聚集在法院外面高呼"我们支持我们的领袖"，这让南非政府恐慌不已，赶紧派了重兵把守现场。

在这次审判上，政府禁止曼德拉等人穿自己的服装，强制要求他们一律穿囚服。这项规定遭到了辩护律师的强烈反对，最后政府只好妥协，允许曼德拉等人穿自己的服装。开庭的时候，曼德拉便穿着自己的传统民族服装，这让他振奋不已，同时也充满了信心。

不过，第一次开庭因为起诉书写得不准确，法官只好先撤销起诉。

但这并不意味着曼德拉可以被无罪释放，警察又以"破坏罪"继续对曼德拉实行监禁。

艾布拉姆·费希尔和贝瑞奇依然是曼德拉的辩护律师（在曼德拉被指控"高级叛国罪"时的辩护律师）。费希尔本来是经常出入那个被警察突袭的农场的，所幸在警察突袭的时候他没有在场，否则他将是被告席上的一员，而不是辩护律师了。

12月3日，法院重新开庭。这一次，政府准备了大量的资料，上千份在农场收集到的资料都被摆在了法庭上。曼德拉组建"民族之矛"、搞破坏、在国外请求其他国家援助甚至越狱计划等事情全部浮出水面。

在这次审判中，非洲人国民大会内部又出了一个叛徒：鲁诺·姆托罗。他本是纳塔地区"民族之矛"司令部的领导人，曾经多次成功炸毁政府的办公楼、发电厂等公共设施。这次在法庭上，他居然将这些毫无保留地说了出来。很多"民族之矛"内部的秘密、曼德拉企图推翻政府的一些言行全都成了他出卖组织的资本。

曼德拉没有想到自己的组织里竟然会出现这样一名叛徒。他所供出来的东西，句句都是致命的。除了致命证人，南非政府手里还掌握着曼德拉等人的致命文件。他们拿出了在瑞沃尼亚大搜查时搜到的《行动计划》，计划书里有详细的作战方案，比如怎样发动群众展开游击战等等。

不过，虽然计划书里有关于游击战的计划，但是在多次运动中，他们并没有采取游击战的作战方略。"民族之矛"和非洲人国民大会的关系也受到了指控，认为"民族之矛"是国民大会的一部分。所幸，在他们刚刚成立"民族之矛"的时候就一直力图保持两者的独立性，这让政府的指控遭到了辩护律师的驳斥。

这场审判在全世界引起了极大轰动，南非成了世界人民关注的焦点。种族隔离的问题不仅在南非存在，同时也在世界其他很多国家和地区存在。要求黑人解放的呼声在全世界高涨，也得到了世界范围内的普遍支持，尤其是那些已经取得民族独立的国家。很多国家向南非政府施加压力，要求其取缔种族隔离的政策，释放曼德拉，国内民众的抗议更是此起彼伏。

5. 第一被告

拥有积极乐观的心态是面对并解决一切问题的基础。就算是徘徊在死亡的边缘，曼德拉也决不会自暴自弃。政府是打定主意要致曼德拉等人于死地的，不过，自由战士们在选择了这条自由之路的时候就已经将生死置之度外了。正如中国的一句古话："民不畏死，奈何以死惧之。"

无论是在监狱里还是在法庭上，自由战士们总是能保持良好的心态与高涨的热情。在法庭上，他们不会向法官和政府低头，在监狱里，更不会向狱警低头。

在监狱里，曼德拉等人都是通过小纸条的方式相互联系、沟通的。纸条看完后，他们会立即烧掉，以防被狱警发现。

有时候，他们也会捉弄一下狱警。有一次，狱警斯瓦尼普尔照例在监狱外面监视他们。已经发现狱警在门外的贝穆故意装作鬼鬼祟祟的样子给曼德拉传了个纸条。曼德拉收到纸条后打开看了看，又故作紧张地传给了凯西。凯西接过纸条打开看了看，和曼德拉一样故意露出紧张的表情，还拿出打火机准备烧掉纸条。这时候，斯瓦尼普尔冲了进来，迅速地从凯西手中抢下了纸条，然后得意洋洋地像获得了战利品一般走了出去。不一会儿，斯瓦尼普尔又怒气冲天地回来了，向曼德拉等人咆哮道："我迟早会找你们算账的！"

原来，当斯瓦尼普尔得意地打开纸条时，才发现上面只写了一句话："难道斯瓦尼普尔不是一个帅哥吗？"这类事情总是能将紧张的氛围冲淡一些。

在那段时间里，温妮因为参加了抗议运动，被白人当局判处了两年的封禁，不许离开约翰内斯堡。但是丈夫被审判，作为家属的她无论如何要赶往比勒陀利亚。最后，温妮终于获得了司法部长的特许，可暂时前往，但是要求她不许穿民族服装。狡猾的政府已经吸取了上次审判的经验，当然不会让上一次的场面再次出现。

在这场长达五个月的诉讼中，曼德拉等人在所谓的法律面前几乎没有任何办法脱罪。根据白人政府的法律，曼德拉等人的罪名是完全成立的。他们知道，白人当局决不会手软。法律在他们的面前不是公正的象征，而是一个绞刑架。

辩解是没有任何意义的，反而还会让别人觉得他们敢做不敢当。曼德拉等人决定坦然"认罪"，但是要向公众声明，是白人政府的残酷压迫才使得他们不得不从"非暴力"的抵抗转变为暴力抵抗，他们要向世界宣布，有罪的不是自由战士们，而应该是白人政府。

曼德拉抱着必死的决心，利用在监狱休息的时间准备了一份证言讲稿——与其说是一份讲稿，不如说是一篇政治与理想的遗言。辩护律师在看到这篇讲稿后，为曼德拉感到很担忧，"如果你在法庭上宣读这份讲稿，他们很有可能会将你送上绞刑架！"

曼德拉说："对生的渴望虽然存在，但是对死亡的熟悉却让我对死亡感到蔑视。我们都努力让自己在不好的结局面前变得坚强一些。"

坚强面对，就算面对死亡的威胁也要活出自己的尊严，活出一

第六章 孤岛上的修行

个民族的尊严。这就是曼德拉,一个勇敢而坚强的自由战士。

曼德拉的讲稿终于在法庭上宣读了:

"我是第一被告曼德拉。

"我是一位拥有文学学士学位的南非黑人,我曾经和我的好朋友奥立弗·坦博在约翰内斯堡合伙开办了一家律师事务所……"

在长达四个小时的陈词中,曼德拉讲述了自己作为一名黑人为理想而奋斗的生涯。本来,他是一名优秀的律师,但是白人当局的种族隔离政策却让包括他在内的广大黑人失去了该有的权利与自由。无论是政治上,还是法律上,乃至生活中的每一个间隙,黑人都被种族隔离这座大山压得喘不过气来。为了民族解放的愿望,他走上了这条荆棘遍布的自由之路。曼德拉坦然承认了自己创建"民族之矛"以及多次策划、领导反抗斗争的事情,从最初的"非暴力"运动到后来的暴力运动。但是,曼德拉否认自己因为喜欢暴力才策划这些活动,"我们之所以采取暴力运动,是因为我们已经清醒地意识到白人的专制、剥削压迫将会给南非人民带来更加严重的灾难"。

种种努力,只是为了实现自由与平等的愿望。曼德拉陈述了非洲人国民大会的思想路线,"它与'将白人赶进大海'的狭隘的非洲民族主义是两个完全不同的概念。非洲人国民大会的非洲民族主义是让南非白人和南非黑人都能够在南非这片土地上获得自由"。

在陈词的最后,曼德拉声情并茂地说:"我抱有民主和自由社会的理想,希望大家为这个理想而奋斗,并努力将它变成现实。如果有需要,我愿意为它献出生命。"

在场的每一个人,都被曼德拉庄严的陈词震撼了,无论是白人还是黑人,无论是警察还是法官,每个人都凝神敛气地听着,甚至很多人忍不住低声哭泣。这一场催人泪下的陈词,不仅让在场的每个人都刻骨铭心,更在全世界都留下了深刻的烙印。

6. 与死神擦肩而过

那场震撼人心的陈词引起了世界范围的关注，曼德拉领导的民族解放运动得到了更多的支持。《兰德每日邮报》把曼德拉的陈词全文一字不漏地刊发在了报纸上，也使陈词内容得到了更好的宣传。

曼德拉说："如果一个人对某件事作好了充分的准备，那么他就不会惧怕这件事的到来；如果一个人对某件事还没有作好充分的准备，那么他就会心怀侥幸地希望这件事不会到来。"

对于这次审判，曼德拉已经作好了被判死刑的准备。"我已经作好了准备，并不是因为我的勇敢，而是因为我的信仰。"

曼德拉和西苏鲁等人商议过关于死刑的问题。他们决定，无论法院作出什么样的宣判，他们都不会上诉，就算是死刑也无所谓。他们要让人们知道，为了民族解放的崇高理想，他们不怕牺牲，不怕任何艰险。莎士比亚说，一旦决心去死，无论生死都将会是甜美的。此时此刻，这句话让曼德拉感到了深深的认同。

在等待法院宣布审判结果的那三周里，全世界都掀起了解救曼德拉的浪潮。南非国内民众举行了全国范围的抗议与示威活动，包括那些有正义感的白人，他们强烈要求释放曼德拉，在审判曼德拉的时候，法院外面就聚集了很多人；联合国督促南非政府召开紧急会议，建立代议制议会国家，并无条件地释放为种族隔离而斗争的"政治犯"；在英国伦敦，50名议员举行了轰轰烈烈的游行向南非政府抗议；原苏联部长会议主席勃列日涅夫写信给南非总理维尔沃德，要求对曼德拉等人从轻处理；美国代表也想尽一切办法阻止南非政府将曼德拉等人判处死刑；为了向南非政府抗议，全世界的码头工

第六章 孤岛上的修行

人拒绝装卸南非的货物……

在对待曼德拉这件事上，冷战中的美苏两大阵营也难得有了一致的意见。

很多国家的新闻媒体都对这件事进行了报道，并对南非政府施加舆论压力。美国《纽约时报》对这件事进行了这样的评价："对全世界大多数人而言，这些人（曼德拉等人）是英雄和自由战士。他们是南非的乔治·华盛顿和本杰明·富兰克林。"英国的《泰晤士报》以预言的口吻刊载："历史将作出判决，最终的罪人将是当权的政府。"

本来，法院是应该在审判结束三周后宣布结果的。但是三周过去后，也许是迫于来自世界各方面太大的压力，法院宣布在第二天公布审判结果。

1964年6月12日，这场轰动全世界的大审判即将落下帷幕。法院内的旁听席上挤满了旁听的人，包括曼德拉的老母亲与妻子。在法院的外面，有2000多名群众发起了轰轰烈烈的示威。他们要用最后的努力来拯救曼德拉，拯救这位为自由而战的英雄。

审判的结果公布之前，自由党主席哈罗德·汉森和作家艾伦·佩顿两人分别向法庭提交了一份减刑申请，他们觉得民众需要有申诉不满的渠道以及能够解决他们不满情绪的平台。在审判的时候，政府应该聆听广大群众的心声，不能对他们的呼吁充耳不闻，更不应该强行压制。

汉森说："犯罪并不是他们的目标，只是他们所采取的斗争方式！"就连一向反对暴力的佩顿也这样说："他们只有两种选择：要么选择低头屈服，要么选择暴力对抗！"

反对与抗议的声音从四面八方涌向白人政府与宣判的法庭。大法官德·韦特似乎并没有认真聆听汉森和佩顿的申诉，或许是对这样的呼声已经习惯，甚至麻木了。在两个人申诉完之后，他准备公布宣判结果。他示意大家起立，让人们感到讶异的是，一向镇定的他此时竟喘着粗气。这些反常的举动似乎都在暗示着曼德拉会被判处死刑。

"在这次审判中，我听到了许多关于南非黑人和有色人不满的事情，也得知这些被告都是他们的领袖。被告以及他们的律师都告诉我，他们是在减少民众不满的动机下才走上犯罪这条路的。"韦特清了清嗓子说道。从这段话里，我们能感觉到排山倒海的抗议之声对法院起到了一定作用，身为这个案子的大法官，韦特当然也不愿成为千夫所指的刽子手。他接着说："像这样的案子通常是应该按照最高刑罚（死刑）来判决的，但是我决定不使用最高刑罚，这也是我唯一能做到的从宽处罚。这个案子的被告将全部被判处终身监禁。"

韦特的声音一落下，法庭上紧张的氛围顿时缓和了许多，大家都松了一口气。

曼德拉和一起被审判的自由战士们相互看了一眼，脸上露出了微笑。他又站起身来环顾四周，搜寻母亲和温妮的身影。然而法庭内人太多、太乱，人们叫喊着，警察不知所措地指手画脚，两位亲人的身影淹没在人潮中，怎么也找不到。但是他知道，那一刻母亲和温妮应该也都松了一口气。

白人当局本来是力求将曼德拉等人判处死刑，以绝后患，但是面对国内外各方面的压力，他们不得不作出让步，尽管他们否认这个案子受到来自外界力量的影响。

从此，曼德拉将要开始漫长的监狱生涯。不过，狭小的监狱不会困住有翅膀的心灵。在监狱里，他依然热切地关注着民族解放事业。即使没有自由，他的心依然与那些奋战的自由战士站在一起，用精神的力量鞭策着他们，鼓舞着他们。

7. 迎接太阳的勇气

虽然摆脱了死刑的阴影，但是终身监禁也意味着曼德拉以后的人生将完全沉陷在暗无天日的监狱里，对一个一心向往自由的战士来说，这是何其痛苦的事情？

宣判后，曼德拉等人被关押在法院下面的牢房里。直到外面示威的人群在警察的控制下渐渐散去，他们才从司法大厦的后面押送上了囚车。为了避开人群，囚车一直绕路行驶。尽管如此，他们还是能听见激昂的群众呼喊。

在囚车上，曼德拉通过加了防护条的车窗向人群挥了挥拳头，但是不知道是否有人看见他。前方是一条漫长而艰难的路，在白人的法律面前，曼德拉别无选择。

他们被一直带到比勒陀利亚地方监狱。那个地方，对曼德拉来说再熟悉不过了。被判刑的人中，只有丹尼斯·戈德堡是白人，他被单独关押在了一个牢房中，而曼德拉等人被关押在了其他牢房。

那天晚上，曼德拉想了许多。在自己被判了终身监禁而非死刑的问题上，他意识到是外界强大的压力迫使南非政府和法院作出了让步。南非的黑人解放运动不仅牵系着本国广大黑人同胞的生活与社会地位，更受到世界范围的关注。

在这个监狱里，囚犯们每天晚上在熄灯之前都要唱起自由之歌。一方面是发自内心的情感流露，一方面是受到大家的感染，曼德拉等人也加入到了这支情绪激昂的大合唱队伍之中。而且，在每天晚上即将熄灯的前几秒钟，大家都像遵循一个无声的命令一般立即停止唱歌，整个监狱一下子一片寂静，这样稍微停顿一下后，会有人高声喊"Amandla（政权）!"紧接着所有人一起呐喊"Ngawethu（属于我们）!"

这些声音让曼德拉看到了新的希望与力量，他觉得那"好像在鼓励我们坚强地迎接面前的考验"。

审判的情形经常会像电影一样回放在曼德拉的脑海里。午夜时分，走廊里忽然传来脚步声。狱警奥卡木博中校走过来敲曼德拉的门，用沙哑的声音小声问道："曼德拉，你醒着吗?"

在得到曼德拉肯定的答复后，奥卡木博中校似乎在帮曼德拉实现憧憬一般说道："我们准备把你带到一个你可以享有自由的地方。在那里，你可以四处走走，能看见大洋和天空，并不是每天只能看见灰墙。"

曼德拉已经知道他们会被带到什么地方了——罗本岛。那个梦魇一般的地方，再一次向曼德拉张开了怀抱。

当然，被押往罗本岛的不止曼德拉一个人，还有另外六名黑人及有色人政治犯，包括西苏鲁。他们被一直押送到一个小型飞机场，上了一架飞机。在飞机上，狱警还在为他们描绘着美好蓝图："你们这些家伙不会在监狱里待多久。释放你们的要求太强烈了，一两年后你们就可以从监狱里出来，将作为国家的英雄归来。群众将欢迎你们，每个人都想做你们的朋友，女士们会希望嫁给你们。嘿，你们这些家伙真行。"

不管他判断得正确与否，能听到这样的话，曼德拉还是开心的。只是不幸的是，他的预言过了将近30年才得到了证实。

大约一个小时之后，他们终于到了目的地。

罗本岛位于南半球，六月正是最冷的冬季。那天阴暗多云，曼德拉一走出飞机就感觉寒冷的冬风刺透了单薄的囚服。他们被押送到老监狱区。在这样冰寒刺骨的天气里，他们被命令脱光衣服站在外面，等待罗本岛监狱分发给他们新的囚服。后来，曼德拉在自传中气愤地说："监狱生活侮辱性的仪式之一就是当你从一个监狱转到另一个监狱时，第一件事就是脱下旧监狱的囚服换上新监狱的囚服。"

无论在哪里，曼德拉都不会停止与非正义的抗争。在这里，曼德拉再次遇到了长裤与短裤的问题。和上次一样，分给他的是一条短裤，而印度人凯西分到的则是一条长裤。曼德拉的抗议又开始了，虽然不可避免地遭到了狱警的训斥，但是最后还是得到了一条长裤。但是他发现得到长裤的只有他一个人，并非所有的黑人政治犯，他再次提出要求："如果同意给我长裤，那么为什么不给每个人发一条呢？"狱警没有回答曼德拉的问题。很多时候，曼德拉提出要求都是没有答复，甚至会得到一顿训斥或者惩罚。

因为建造得比较仓促，这里的牢房墙壁潮乎乎的。曼德拉向监狱长反映了这个问题，结果却只得到了一句极其刻薄的话："你们的身体可以吸潮。"房间里很冷，他们每人只发了三条薄得几乎透明的毯子。睡觉的时候，他们就算穿着衣服依然会感到刺骨的寒冷。

监狱分为A、B、C、D四个等级，级别由高到低，待遇也都是不一样的。政治犯住的都是最低级的D级，一般要想从D级升到C级需要花上几年的时间。而普通囚犯的牢房则分为F区和G区。曼德拉的牢房非常狭小，他三步就能从牢房的一头走到另一头。躺下的时候，他的脚和头都能触及水泥墙。每间牢房外面都有一个白色的写着囚犯的名字和牢房号的卡片。曼德拉的卡片上写着："N·曼德拉466/64"，意思是466号囚犯，于1964年来到罗本岛。

这就是曼德拉在罗本岛还不知要待多久的"家"。

在这座监狱里，曼德拉等人被要求进行砸碎石头和运石头的工作。每天早晨5:30，他们会被狱警叫醒，开始整理自己的房间，

6:45被允许出去倒马桶,之后开始吃早饭,开始一天的劳役。中午只有短短的午饭时间,没有休息。下午4:00收工,4:30吃晚餐。晚上8:00,狱警会命令犯人睡觉。这样千篇一律的生活简直枯燥至极,更为可怕的是,他们几乎失去了时间感,只能依靠警察的哨声和监狱的钟声来生活。为了能记住时间,曼德拉在自己的牢房墙壁上写上了日期,并一天天推算下去。

曼德拉是一个乐观主义者,就算面对这样的环境,他依然充满希望。"不论这种乐观主义是天生的,还是后天培养的,但有一部分是来自迎接太阳的勇气。"曼德拉这样说。

8. 心灵拉扯

越是远离家乡,思念便越是强烈。

在监狱里,曼德拉每六个月才能写一封信并收到一封信,才能得到一次接受家人探望的机会。

那时温妮因为遭到白人当局的封禁令,离开约翰内斯堡必须得到特许。为了阻止温妮去探视曼德拉,白人当局还经常采取种种卑劣的手段进行阻挠。从约翰内斯堡到罗本岛本来就隔着千里迢迢的路,她的探视请求还经常被故意拖延,白人当局突然允许她探视的时候,便会要求她立刻放下手上所有工作马上前往。她因为参加抗议运动被政府下了禁令,也失去了自己的工作,失去了唯一的生活来源。有时候温妮被允许探视曼德拉的时候,还会被强制要求不能坐火车,只能坐飞机,以此来加重温妮的经济负担。

第一次探视是在1964年8月末,她和西苏鲁的夫人阿尔贝蒂娜一起前去。隔着一层玻璃,他们身后还都有警察监视着。而且,他

第六章 孤岛上的修行

们被要求只能说英语或者南非荷兰语,如果狱警听见他们说自己的家乡话,就会被马上禁止谈话。他们的谈话内容仅限于唠家常,不能有半个字涉及政治,如果出现了,同样会被禁止谈话。在谈话中如果出现了狱警感到怀疑的名字,也会打断他们的谈话,问他们那个人是谁。

就是在这样尴尬的环境下,这对历尽千辛万苦的夫妻开始了谈话。时间只有短短的三十分钟,那是多么短暂而宝贵的时间啊!

第一次探视以后,整整两年的时间里温妮都没有获得再次看望曼德拉的机会。

在罗本岛,曼德拉主要的工作就是砸石头和运石头。后来,监狱长又让他们去一个石料厂干活,本来只想让他们在那儿干六个月,却没想到这一去就是十三年。

石料厂的工作同样是很辛苦的。但在这里可以看见青山绿水的大自然,可以看到自由翱翔的飞鸟。这样的自然环境让曼德拉感到高兴。然而工作环境与自然环境却形成了极大的反差。岩石反射的光线和弥漫在空气中的岩石粉末会把眼睛迷得睁不开,工作结束后,他们的眼睛要休息很长时间才能恢复。

曼德拉向监狱要求让大家戴上太阳镜,结果被拒绝了。不过,他们的抗议从未停止过。后来,他们通过内科医生向监狱提出建议,这才允许他们自费购买太阳镜。从他们要求戴太阳镜到终于戴上太阳镜,这中间经过了三年之久。

在罗本岛,狱警殴打犯人的事情时有发生。而被打的人经常向曾经当过律师的曼德拉求助。有一次,一个阿扎尼亚泛非主义者大会的成员被狱警殴打,曼德拉以律师的身份直接向监狱长投诉,并要求把打人的狱警赶出罗本岛。尽管监狱长和狱警都否认了这件事,但没多久那个狱警就被调走了。

在封闭的监狱里，曼德拉急切地渴望能获得外界的信息。而在监狱里，犯人是不可以看报纸的，如果发现谁敢看报纸，就会遭到惩罚。有一次，曼德拉看到一份狱警留下的报纸，看看四周没人，就赶紧偷偷藏进衣服里带走了。直到睡觉的时候，他才偷偷拿出来如饥似渴地阅读起来。结果，曼德拉看得太投入，被三名狱警发现，被罚单独关押三天。在这三天里，他甚至不能得到任何食物。也许，那张报纸只是狱警故意丢在那里引曼德拉上钩的。

肉体上的折磨远没有精神上的折磨更令人痛苦。在这种完全封闭的恶劣环境中，曼德拉对亲人的思念越来越强烈。想起年迈的母亲，想起独自照顾家庭的妻子温妮，他总会满心愧疚。这样漫无边际的铁窗生涯，仿佛让人一眼就看穿了一辈子。他几乎要怀疑，自己是否还要继续为自由而战？为了人民的利益放弃了自己家庭的幸福，对母亲不尽孝道，对妻子没有担起丈夫的责任，对孩子没有担起父亲的责任，换来如今人间地狱一般的生活，这一切，究竟值不值得？

曼德拉的内心经过激烈的挣扎与斗争，最终还是说服了自己。为自由而战，依然是他艰巨的使命。

我把一生献给你
曼德拉传
NELSON ROLIHLAHLA MANDELA

第七章
全球最著名的囚犯

1. 秘密信息传递

被囚困并不可怕，可怕的是与世隔绝，无法获悉外界的任何消息。如果一直处在这种状态，不要说一个人的斗志，就连正常的思维恐怕都会消耗殆尽。在监狱里，曼德拉急切地渴望了解更多信息，无论是外界的，还是监狱内部的。

为了能获取更多的信息，并加强组织建设，曼德拉等人决定建立一个秘密信息传递委员会。通过这个组织，他们可以进行信息共享，谁知道了外界的什么消息，或者狱警怎样迫害囚犯，都可以马上分享给别人。这个组织不仅覆盖了政治犯的关押区，也覆盖了普通囚犯的 F 区和 G 区。

在罗本岛，政治犯被当成危险人物与普通囚犯隔离开来，因为他们可能会把那些"危险思想"传播给别人。而且，普通囚犯的待遇要相对好一些，他们可以获悉外界更多的消息。这样一来，曼德拉等人就可以从普通囚犯那里知道更多的消息。

他们传递消息的方式有很多，几乎利用了所有能利用的时间与在监狱里能找到的东西。

组织成立之初，他们首选的方式是通过火柴盒来传递信息。狱警们在去石料厂的路上经常随意丢弃火柴盒，他们就偷偷把火柴盒捡起来。需要传递信息的时候，他们就在火柴盒的底部塞入写好信息的纸条，然后稍作加工，使火柴盒看起来没有任何变化，让狱警以为那只是一个很普通的火柴盒。之后，他们会派人将这个火柴盒悄悄放在普通犯人必经的十字路口，普通犯人中会有人专门负责捡走火柴盒。这样，他们就完成了一次信息传递。而当普通犯人想要给他们传递信息的时候，也会采用同样的方式。不过，这种方法会受到天气的影响，一旦下一场大雨，火柴盒就不能发挥正常作用了。

为了弥补火柴盒传递的不足，他们很快又找到了新的传递信息的方法。一般情况下，都是普通囚犯给曼德拉等人送饭，他们就把写好消息的纸条用塑料包好藏在饭桶下面，曼德拉等人趁着狱警不注意将纸条悄悄取出藏好。在曼德拉等人想要给普通囚犯们传递消息的时候，也会采用类似的方式来完成。他们会将纸条放在自己吃饭的盘子下面，然后故意将大家吃完饭的盘子堆放得乱七八糟，以防被狱警发现。在普通犯人拿回去清洗的时候，便会将盘子里的信息拿走。

有时候，他们急需传递消息但是又找不到机会的话，就会采用让普通犯人故意违反监狱规定而受罚的方法。在普通犯人受罚的时候，会被单独关押到和曼德拉等人相邻的牢房里，他们可以共用一个卫生间。这时候曼德拉就会把纸条用塑料包好放在便盆的内沿下面，在被隔离关押的普通犯人上厕所的时候就会把纸条取走。

有时候，他们还会把信息写在卫生纸上。但是，这种方法相比前几种是比较危险的，经常被狱警发现。后来，为了防止他们互相传递信息，狱警改变了分发卫生纸的方式。

比较保险的方法是用牛奶书写信息。用牛奶在纸上写下字后，牛奶液体很快就干了，看上去没有任何痕迹。接到信息的一方会用消毒液涂在写过牛奶字的纸上，这时候字迹马上就会显现出来了。不过，每种方法都是有利也有弊的，这种方法虽然非常保险，但是很少有机会实施。在监狱里，囚犯只有在得了胃溃疡的时候才能有牛奶喝。这时候，曼德拉就会过去借一些牛奶用来传递信息。

最保险的传递方法是在医院体检的时候面对面地交流。体检时，普通犯人和政治犯便会聚集在一起，由一个狱警进行看管，犯人之间就可以分享各自知道的信息了。当然，这种机会是少之又少的。

除了和监狱内部的人进行信息共享外，他们还和外面的人互相交流信息。这样的交流主要有两种途径：第一是通过探监的人来传递（尤其是普通犯人，他们得到探视的机会较多），第二是通过刑满释放的人来传递。有人即将出狱的时候，大家就会把需要带给外面亲人、朋友的信笺交给他，藏在衣服、行李等物品内，神不知鬼不觉地带出监狱。

他们获取信息的渠道也是多种多样的。除了从外界获取的信息以外，他们还会从狱警那里得到一些。这可谓是虎口拔牙，一旦被发现便会受到处置的。他们去石料厂工作的时候，监工的狱警经常用报纸包裹三明治，吃完之后就随便将报纸丢掉了。在曼德拉等人眼中，这些报纸是极其珍贵的。他们会趁着狱警不注意，偷偷把报纸捡走，藏在衣服里。回到牢房后，会有人专门负责读报，然后把报纸上的信息写成摘要，在犯人之间互相传递。

秘密信息传递委员会不仅让曼德拉等人了解到了很多信息，而且将监狱中的犯人紧密地组织在一起，让他们更加团结一致。当有人被残暴的狱警欺负的时候，大家就会团结起来一起反抗。

2. 饥饿的力量

压迫是奋起抗争的动力。在罗本岛监狱，犯人每天要承受大量的体力劳动，却吃不到可口的饭菜，生活条件也极其恶劣。1966年7月，曼德拉得知了普通犯人准备绝食的消息。但是消息传递得很模糊，他们不知道什么时候开始绝食，也不知道为什么绝食。曼德拉决定立即开始绝食运动，支持普通监狱中的兄弟们。

绝食运动开始的第一天，大家都非常团结，没有人去碰监狱提供的饭菜。第二天，他们惊奇地发现，玉米粥里竟然多了很多蔬菜。第三天、第四天，饭菜里竟然出现了诱人的肉片了。不过，大家还是抵制住了这强烈的诱惑，吞着口水忍着饥饿继续坚持着。

与此同时，普通犯人的绝食运动也在另一面与他们呼应着，大家团结一致，没有人去动狱警准备的诱人饭菜。为了破坏他们的运动，狱警还在心理上对他们进行离间。他们会告诉普通犯人，曼德拉那边的政治犯人正在享受着美味的饭菜，对曼德拉等人也会说普通犯人已经放弃了绝食，以此来瓦解他们的抗议情绪，并用美味的食物摆在他们眼前进行诱惑。

不过，这种方法还是毫不奏效。政治犯人和普通犯人中都没有人相信狱警的谎话，继续坚持着绝食运动。

监狱长对犯人们的行为愤怒不已。他继续让狱警把犯人们赶到石料厂去干活，常常会有人因饥饿与疲劳而昏倒。但是大家依然坚持着，面对软硬兼施的狱警，没有人退缩让步。团结的力量，让监狱管理人员没有任何办法。

监狱长只好把绝食运动的领导者曼德拉叫到办公室，说服曼德拉取消囚犯的绝食运动。监狱长问他："你们为什么绝食？"

"我们要把改善监狱环境条件的抗议当成我们反对种族隔离的斗争的延续。"曼德拉义正词严地回答。

"你压根不知道普通犯人为什么而绝食！"监狱长愤怒地说道。

"这个没关系，他们都是我们的兄弟，与我们的斗争是不可分割的！"

听了曼德拉的话后，监狱长更加愤怒不已，干脆将曼德拉赶出了办公室。

其实，伙食差、生活条件差的不仅是罗本岛上的犯人，狱警的

第七章　全球最著名的囚犯

生活条件和伙食也并不好。警察们都把罗本岛看作一个很恶劣的地方，没有人愿意被调配到那里去工作。在无法阻止犯人的绝食运动的情况下，狱警干脆也加入到了抗议的行列中去。他们和犯人们一起绝食，要求改善生活条件。

有狱警加入的绝食运动更加声势浩大，监狱高层非常难堪。但是他们还是不愿作出让步，任凭囚犯和狱警们在饥饿中高举抗议的大旗。罗本岛是一个四面环海的孤立小岛，就算他们饿死在岛上，只要监狱高层不透露信息，外界就不会有人知道。这种负面信息他们当然是尽量遮掩，不会让新闻媒体知道。抗议的囚犯和狱警当然也知道这个问题，为了能得到更多的支持，就必须有外界对监狱和政府当局施加压力。于是囚犯和狱警们都想方设法找人将这里的信息传递出去，很快，他们的绝食运动便在外界的报纸等媒体上铺天盖地地传开了。

本来，呼吁释放曼德拉的声音就遍布全世界，这一次，他们的绝食运动再一次掀起了新的舆论风潮。白人政府很快又成了千夫所指的对象，各方面的压力向他们一起袭来，使其不得不作出了让步。他们派人与普通监狱中的三名代表进行了谈判，最后停止了绝食运动。

不过，虽然这次轰轰烈烈的绝食运动取得了胜利，曼德拉还是反对这种以伤害自己来威胁敌人的方式。这种方式会严重影响大家的身体健康，甚至会威胁到大家的生命。在以后关于绝食运动的投票表决中，曼德拉总是坚持反对，但是如果大家都同意，他也会加入绝食的行列。

这是一次成功的抗争，秘密信息传递委员会让大家团结合作的能力也得到了实践。曼德拉回忆说："这是岛上第一次也是最成功的一次绝食。"

罗本岛监狱中的压迫是最常见的，曼德拉不得不每时每刻都作好抗争的准备。这些抗争也奠定了曼德拉在罗本岛监狱中的领导地位，人们尊重他，依赖他，他的存在，让本该死气沉沉的罗本岛活跃起来，这座小岛也成了举世瞩目的地方。

3. 不向残暴低头

1966年曼德拉领导的绝食运动给世界留下了深刻的印象，反对种族隔离政策的运动也再掀高潮。没多久，南非又发生了一件大事：狂热坚持种族隔离政策的总理维尔沃德被一个白人极端主义者用刀刺死。

维尔沃德是一个狂热的种族主义者。在他任职南非总理期间，先后两次遇刺，均系白人所为——反对种族隔离的不止是广大黑人。

虽然他是被白人刺杀的，广大黑人却成了替罪羔羊，他们不得不承受种族隔离带来的更加严酷的种种压迫。白人政府将斗争的矛头指向了非洲人国民大会，认为这件事是他们所为。其实，曼德拉是非常反对政治暗杀这种卑劣而野蛮的手段的，但在白人当局看来，曼德拉等人就是极其恐怖的一个组织。

这件事直接导致了1967年南非政府的《反恐怖法》的诞生。该法律规定，"阻碍交通""妨碍国家事务""用威胁手段企图实现某一目的"等行为都属于"恐怖活动"。根据这个法律，警察可以任意抓捕任何嫌疑人，并且可以在不交给法庭审判的情况下任意延长拘捕时间。

这件事的发生使得曼德拉等人与狱警刚刚缓和的关系再次紧张起来。本来，看管曼德拉等人的是一个比较温和的狱警，在这件事后，监狱高层赶紧换了一个非常残暴的狱警范·任斯博来看管他们。

范·任斯博是出了名的残暴。他长相凶猛，手臂上还有纳粹标记的刺青。对待囚犯，他总会鸡蛋里挑骨头一般找出各种毛病来，然后将他们送上行政法庭——这似乎已经成了他的一种乐趣，甚至是一种习惯。有时候，行政法庭因为他无休止的要求不得不加班审理犯人。

针对范·任斯博的做法，有丰富律师经验的曼德拉和几位同样有律师经验的人组建了一个法律委员会，专门向大家普及法律知识，告诉他们如何在法庭上进行自我辩护，如何驳斥对方。

在法庭上，范·任斯博也同样要遵循法律规章制度，遵守法庭审判的程序。被范·任斯博"送"上法庭的犯人们，可以以正当方式维护自己的权益。被他送上法庭上的人大多是"犯人怠工"的罪名，曼德拉教给大家，遇见这样的情况便等法官读完起诉书之后向法官申请："请法官准许公诉人更详细地提供案情！"而范·任斯博几乎拿不出任何证据来，便只好申请休庭，去寻找详细的资料来证明。很多时候，案子审到这里就算完结了，因为范·任斯博基本上是找不到什么证据的，案子最后就不了了之了。

对犯人，这个残酷的狱警总是会想出各种方法来刁难他们。在去石料场的路上，犯人之间本来是可以互相说话的，但是范·任斯博偏偏说监狱长克勒曼上校下命令不准他们说话。曼德拉等人不知真假，只能愤怒隐忍。

一天中午，曼德拉等人正在一边吃午饭一边商议着抗议的方法。这时候克勒曼上校竟突然亲自跑过来，清了清嗓子告诉大家，只要不喧哗，在石料场说话是可以的。而且那天下午，狱警也没有强迫他们干活，甚至连向来残暴的范·任斯博也撤销了对他们的指控，主动向他们示好。曼德拉回到自己的牢房时，他发现自己原本在走廊入口4号牢房里的所有东西都被挪到了走廊尽头的18号牢房。

曼德拉猜测，这一切不同寻常的现象都意味着，即将有重要人物到这里来视察。监狱管理人员所做的一切，都是为了掩饰他们以前的残暴行为。

曼德拉的猜测没错。第二天一大早，范·任斯博便告诉他们不必去石料厂干活了，因为进步党唯一的一位女性议员海伦·苏兹曼女士马上来岛上访问。

很快，苏兹曼女士就在监狱管理局局长斯特恩将军和监狱长的陪同下来到了曼德拉所在的监禁区访问。曼德拉等人当然不会错过这难得的机会。当苏兹曼女士问犯人们对监狱里的生活是否有抱怨的时候，大家都异口同声回答不满意："我们有太多的不满。"曼德拉是他们的领导者，他们也更希望曼德拉能见到苏兹曼女士，便告诉她："我们的代言人曼德拉被关押在走廊的尽头。"

苏兹曼在听到囚犯们的话后，立即要求见一见曼德拉，监狱管理局局长和监狱长不敢阻拦，只好带她到了曼德拉的牢房。

见到苏兹曼女士后，曼德拉果然不负众望地将所有不满都倾倒了出来。尽管监狱管理局局长和监狱长都在场，但是曼德拉依然直言不讳。他们在曼德拉滔滔不绝的表述中显得格外紧张，并不停地为自己的行为道歉。表达不满当然不是曼德拉的主要目的，最主要的是改善监狱中的生活条件。曼德拉说出了自己和大家的请求：改善伙食和服装，获得学习和看报的权利。

苏兹曼女士刚一离开，监狱管理人员们对曼德拉等人就立即翻了脸，范·任斯博咆哮着要恢复对所有犯人的指控，但是他还没来得及去做，就被调离了罗本岛。因为苏兹曼女士离开这里后，马上将岛上的情况全部反映给了司法部长。

这个恶霸一般的狱警终于被调走了，曼德拉等人的反抗再次取得了成功。

4. 鲁图利特遣部队

1967年7月，非洲人国民大会主席鲁图利酋长在自己的农场附近被火车撞死，这对非洲人国民大会来说是一个致命的打击。鲁图利一直坚持领导非洲人国民大会的成员进行抗争，他的去世让非洲人国民大会的每一位成员都悲痛不已。

身陷囹圄的曼德拉得知这一消息更是格外悲痛。他一直觉得，虽然身在牢狱的自己不能领导非洲人国民大会的成员进行斗争，但是外面还有鲁图利酋长，他是诺贝尔和平奖获得者，在全世界都有着极高的声誉，总有一天会带领着人们走向民族解放的自由之路，想不到革命尚未成功，却惊闻鲁图利酋长的噩耗。曼德拉说："他受到白人和黑人的尊敬，因此，没有人能够取代他。"

非洲人国民大会本来就遭到南非政府的取缔，领导人要么被抓进监狱，要么流亡海外，鲁图利酋长的去世更是让非洲人国民大会雪上加霜。在这种群龙无首的局面下，领导非洲人国民大会继续奋战的重任便落在了流亡在外的坦博身上。曼德拉也觉得，只有坦博才能领导非洲人国民大会的成员继续奋战下去。坦博凭着自己高超的外交才能在很多国家都建立了非洲人国民大会的办事处，并获得了很多国家的支持。这些国家为非洲人国民大会提供了强有力的帮助，比如募集资金、开展外教活动、安排士兵训练等。

曼德拉身陷囹圄的时候，第一批叫作"鲁图利特遣部队"的"民族之矛"战士在坦桑尼亚和赞比亚接受了军事训练。结束训练后，他们从罗德西亚返回南非。没想到在返回途中，他们被罗德西亚士兵发现，并发生了一场激战。最后，特遣部队在罗德西亚被打败了。紧接着，又有一支强大的特遣队赶到罗德西亚进行支援。阴鸷的南非政府发现了这个空档，赶紧派了大批军队也加入到了攻打特遣部队的行列之中。

特遣部队要同时对付两伙敌人，很是吃力。经常会有士兵被南非政府抓获，之后送到罗本岛关押。

曼德拉为"民族之矛"的战士被抓而感到难过，但是也为他们带来外界的消息而振奋。从他们口中，曼德拉得知了战争的情况，他为士兵们的英勇奋战而骄傲，心中的斗志也更加昂扬起来。

为了能更好地将罗本岛上的自由战士们组织起来，曼德拉和其他非洲人国民大会领导者决定在这里建立组织，纵然被囚困，大家依然能团结一致。

经过商议，他们建立了一个叫"最高司令部"的组织，最高组织由曼德拉、西苏鲁、戈万、穆巴拉组成，曼德拉是这个组织的最高领导者。

因为罗本岛的与世隔离，曼德拉等人组建的这个组织并不能及时了解到国内外的形势，所以也无从干涉外面的事情。但是，他们通过"最高司令部"可以更好地在监狱里组织大家为生活条件向监狱高层进行抗议。

在罗本岛关押的政治犯当然不止非洲人国民大会这一个组织的成员，还有一个重要的组织——阿扎尼亚泛非主义者大会的很多成员。本来，在瑞沃尼亚审判之前，这里关押的主要是阿扎尼亚泛非主义者大会的成员，但是在瑞沃尼亚审判之后，这里关押的非洲人国民大会成员数量竟然超过了阿扎尼亚泛非主义者大会成员的人数。这让阿扎尼亚泛非主义者大会成员非常气愤，他们觉得非洲人国民大会抢占了他们的地盘。

在外面与南非政府斗争的时候，阿扎尼亚泛非主义者大会就一

第七章 全球最著名的囚犯

直和非州人国民大会作对，到了监狱里面，在和监狱高层斗争的时候，他们依然像以前一样和非洲人国民大会作对。每当非洲人国民大会组织大家进行罢工、绝食等运动的时候，阿扎尼亚泛非主义者大会成员就会与他们唱反调。

阿扎尼亚泛非主义者大会在国外的名气比非洲人国民大会要高一些，他们觉得非洲人国民大会应该听从自己的领导。不过，在国内，阿扎尼亚泛非主义者大会的号召能力远不及非洲人国民大会。非洲人国民大会不认同阿托尼亚泛非主义者大会的领导，泛非主义者大会也不肯同非洲人国民大会团结合作，两者的矛盾便日益加深。

曼德拉曾经多次试图与阿扎尼亚泛非主义者大会进行合作，但结果总是不欢而散。

阿扎尼亚泛非主义者大会喜欢和非洲人国民大会攀比，比如非洲人国民大会举行了一场成功的运动，他们便会红眼，赶紧再发动人民举行一场运动。其实，这样的行为效果常常是适得其反的。团结才是力量，越是不团结，越是会给敌人可乘之机，鹬蚌相争，渔翁得利。

曼德拉是深谙这个道理的，奈何阿扎尼亚泛非主义者大会对合作似乎根本没兴趣。喜欢攀比的阿扎尼亚泛非主义者大会不仅在功绩上喜欢和非洲人国民大会攀比，就连在遭受的惩罚上也喜欢与其攀比。有一次，曼德拉因为违反监狱规定而被隔离关押，必须单独吃饭，单独工作，单独睡觉。阿扎尼亚泛非主义者大会见状，攀比心立即涌了上来。他们觉得这样是不公平的，不是因为曼德拉遭受的惩罚，而是因为凭什么曼德拉被隔离关押，而他们的领导没有被隔离关押呢！这种想法一出现，他们立即就付诸实践：向监狱高层强烈要求将他们的领导也隔离关押，像曼德拉那样一个人吃饭，一个人工作，一个人睡觉，而且关押时间不得少于曼德拉被关押的时间。

这样几乎荒唐的行为大概只有极端的阿扎尼亚泛非主义者大会的人才干得出来。

就这样，曼德拉一面要和监狱高层斗智斗勇，还要经常防范阿扎尼亚泛非主义者大会的小伎俩。

5. 两个葬礼

对于曼德拉来说，1968年和1969年是最伤心的两年。在这两年里，他先后失去了两个最亲的人。

1968年的春天，曼德拉的母亲在曼德拉的儿子马卡托、女儿马卡薇和妹妹巴贝尔的陪同下从特兰斯凯来岛上看望他。因为他们远道而来，监狱高层难得地将探视时间从30分钟延长到45分钟。

这是瑞沃尼亚审判之后他们的第一次见面。看到已经长大的儿子和女儿，曼德拉非常高兴。但是母亲的苍老和憔悴，却让他难过不已。曼德拉觉得母亲似乎一下子苍老了许多。她身体消瘦，面容憔悴，身体状况大不如前了。母子相见，本是一件令人高兴的事，但曼德拉想到自己不能让母亲有一个幸福的晚年，心中满是愧疚。

这次见面，曼德拉为母亲的健康状况很是担忧，他甚至担心这会成为他与母亲的最后一面。

与亲人相见的时间总是那么短暂。虽然曼德拉担心母亲的健康状况，但是他万万没想到，他的担忧竟然会那么快成为现实。几周之后，曼德拉突然收到了儿子马卡托发来的母亲因心脏病病逝的电报。

这简直是一个晴天霹雳。悲痛万分的曼德拉立即向监狱长请求

第七章 全球最著名的囚犯

回家参加母亲的葬礼,他一再向监狱长保证绝对不会逃跑,希望监狱长能理解作为一个儿子希望参加母亲葬礼的迫切心情。虽然监狱长相信曼德拉是一个守信用的人,但是他害怕曼德拉的朋友们会把他救走,最终还是拒绝了曼德拉的请求。

曼德拉为不能参加母亲的葬礼而分外悲痛。他是母亲唯一的儿子,为她送葬本是他的责任,但是身陷囹圄的他,不仅不能在她活着的时候尽孝,甚至都不能送葬。在接下来的几个月里,曼德拉一直沉浸在对母亲的怀念中。曼德拉说,她的一生远远不能算是安乐的一生。他想起从前的许多事情,想起母亲的艰难、贫穷,想起自己无法赡养母亲,他觉得自己亏欠母亲的太多了。

巨大的悲痛撞击着曼德拉的心,使他再一次对自己选择的道路产生了怀疑:把人民的利益置于高于自己家庭利益的位置上,这是不是一种正确的选择?他不仅自己献身于政治,还连累到家人,让家人为自己担惊受怕,甚至还会遭到警察的骚扰。

思考到最后,曼德拉还是坚定了自己的信念。他觉得在南非这个国度里,一个男子汉如果不顾人民的需要是很难做到的,就算牺牲自己家庭的利益也要顾全人民的利益。所幸,曼德拉的母亲理解了儿子,并支持他继续奋战下去。不过这并不能减轻曼德拉内心承受的痛苦。

1969年5月12日,警察根据《反恐怖法》未经指控就逮捕了温妮(这一次温妮被捕17个月后,政府撤销了对她的指控,最终被无罪释放。但是还不到两周,她又遭到了封禁,被软禁在家中)。得知妻子被捕的消息,还未从母亲去世的悲痛中走出来的曼德拉更加忧虑不已。想到温妮和自己一样被关进了监狱,曼德拉觉得这比什么都痛苦。曼德拉说:"尽管我经常劝说别人不要为自己管不了的事情去担心,但是,我自己却不能听从自己的劝告。"对妻子的担心,每一天都让他的内心饱受煎熬。多少个不眠之夜，曼德拉想到家中的事情，"当局想对我的夫人下什么样的毒手？她是否能够承受？我们的女儿由谁来照管？谁将为她们支付账单？……"

祸不单行，母亲的去世，妻子的被捕已经给了曼德拉巨大打击，又一场葬礼让曼德拉的整个精神世界几乎崩塌。1969年7月一个严寒的早晨，也就是在曼德拉得知温妮被关进监狱三个月后，他又收到了一封电报。他的小儿子马卡托告诉他，哥哥（即曼德拉的大儿子马迪巴·泰姆比基勒）在特兰斯凯发生的一次车祸中丧生。泰姆比基勒当时只有25岁，已经是两个孩子的父亲。

巨大的悲痛如同洪水般一浪接着一浪无情地侵袭着曼德拉。那天他回到牢房后，一个人沉默地躺了很久，晚饭也没有吃。后来瓦尔特前去看他，曼德拉将电报给他看了。瓦尔特什么话也没说，只是紧紧地握住了曼德拉的手，许久，许久，这是对曼德拉最好的安慰，纵然无言，却胜过千言万语。

曼德拉请求回去参加儿子的葬礼，结果和上次一样遭到了无情的拒绝。监狱高层只允许曼德拉给前妻写一封信。

许多过往，如同电影般在曼德拉的脑海中一一闪现。那些温馨的画面，竟成了永远的怀念。他想起在一个下午，那时候泰姆比基勒还只是一个孩子，曼德拉回到家中，看见泰姆比基勒穿着自己的一件旧矿工服，衣服搭到他的膝盖——他一定认为穿上父亲的衣服有一种安慰感和自豪感。看到父亲又要出门，泰姆比基勒直直地站在那里，像个大人一样告诉父亲："你不在家的时候，我会照顾我们的家。"

然而，"我们的家"现在在哪里呢？那些风雨飘摇的岁月，让一个原本温馨的小家支离破碎。为了人民的利益，曼德拉放下了个人的利益，放下了家庭的幸福，这是一种怎样的牺牲？对曼德拉来说，又是一种怎样的痛呢？

第七章　全球最著名的囚犯

6. 野蛮的狱警

亲人离去的悲痛，在曼德拉心中留下了深深的烙印。在那些艰难的岁月里，他必须化悲愤为力量，为了心中的理想继续前进。

走过 1969 年的悲痛，也走过了所有 60 年代的旧时光，70 年代紧随其后缓缓走来。不过，1970 年对于曼德拉来说也并非什么好年头，这一年，罗本岛换了监狱长。

新来的监狱长名叫巴登霍斯特。这是一个极尽残暴之能事的家伙，对囚犯永远是无休止的苛刻。他要让所有的囚犯都对他无条件地服从，要让每个人都服服帖帖的，如果谁敢反抗，就会遭到严厉的惩罚。他一上任，就降低了囚犯的伙食标准，还没收了他们的学习资料，连探监的人也常常被无缘无故地挡在门外。囚犯们在这几年辛辛苦苦抗争取得的成果竟然一夜之间全都不见了。

曼德拉要求见巴登霍斯特，但是遭到了拒绝。他对曼德拉这个难以管束的人物大概也早有耳闻，所以在几天之后还故意给了曼德拉一个下马威。那天他开着车来到曼德拉等人劳动的石料厂，囚犯们都好奇地停下了手中的活向巴登霍斯特这边看过来。巴登霍斯特走下车，对着大家喊了一句莫名其妙的话："曼德拉，你必须把你的手从屁眼里拔出来！"

虽然曼德拉没听明白他说的是什么意思，但是从他的语气中也能判断出来这绝对不是什么好话。曼德拉一边琢磨着这句话的意思一边向监狱长走过去。巴登霍斯特看到曼德拉竟然朝自己走过来，吓得赶紧跳上车，一溜烟逃掉了。

正所谓"上行下效"，监狱长都这样做，何况那些狱警呢？一时间，狱警们的暴力因子竟然猛涨，他们竞相采用各种方法来折磨犯人，并以此来取悦监狱长。

残酷的压迫再次激发了囚犯的抗议情绪，曼德拉等人也积极展开了各种方式进行抗议。5月，又有一批囚犯遭到了隔离关押，他们决定绝食抗议。曼德拉知道这个消息后，也立即率领大家采取同样的方式响应他们。

几天之后的一个深夜，一群醉醺醺的狱警冲进了曼德拉所在的关押区。他们命令所有囚犯脱光衣服对着墙壁站着——南非的5月，正是寒冷的冬天。然后狱警一面骂骂咧咧，一面搜查他们的东西。其他关押区的囚犯在那天夜里还有遭到狱警殴打的，有一名囚犯忍不住对狱警还击，结果遭到了监狱长的严厉惩罚。

监狱长巴登霍斯特从不管狱警怎么压迫犯人，反而还很支持。类似的事情在监狱里越来越多。曼德拉等人经常提出抗议，但是对残暴的狱警来说根本没有作用。在这种情况下，他们只能想办法通过外界给监狱高层施加压力。

曼德拉等人想办法将囚犯遭到虐待的消息传到外面，通过外面的非洲人国民大会人员将这件事在媒体上曝光，并联系了白人议会中同情非洲人国民大会的自由进步党议员海伦·苏兹曼女士，让她向政府施加压力。

这个办法终于奏效了。三位大法官很快来到罗本岛视察，由监狱管理局局长和监狱长陪同。曼德拉作为囚犯的代表和法官交谈。大法官希望能私下交谈，但是曼德拉觉得没有必要，反而觉得在有监狱长和监狱管理局局长在的情况下交谈比较好，也希望法官能回答一些问题。

曼德拉将一些犯人遭到狱警毒打的事情讲给大法官的时候，监狱长有些坐立不安。他忍不住插嘴道："你亲眼看到狱警打人了吗？"

第七章　全球最著名的囚犯

"我虽然没有看到，但是我相信告诉我这些事情的人！"曼德拉义正词严地回答。

"曼德拉，你可要当心了。如果你再谈论一些你没有亲眼看到的事，你就是在自找麻烦，我的意思你懂的！"监狱长巴登霍斯特不无威胁地说道。

曼德拉对监狱长的恐吓没有任何畏惧，继续义正词严地向大法官说道："先生们，你们也看到了，我们这位监狱长是什么样的人。如果他能当着你们的面威胁我，那么你们可以想象，你们不在的时候，他会做出什么事来！"

曼德拉的控诉终于起到了作用，三个月之后，巴登霍斯特将曼德拉叫到办公室，一改往常的暴戾，非常平和地告诉曼德拉，他将会被调离罗本岛，并祝福曼德拉以及其他囚犯好运。

这样的巴登霍斯特反而让曼德拉感到有些陌生。他一直认为监狱长是最野蛮、最无情的人，没想到他竟会突然这么有人情味。继而曼德拉明白了，好的社会制度能让坏人变好，坏的社会制度也会让好人变坏，巴登霍斯特的野蛮就是坏的社会制度造成的。

巴登霍斯特被调离后，威廉姆斯上校担任了监狱长的职位。他为人温文尔雅，对待囚犯也很客气，一上任就立即恢复了囚犯以前的正常生活。

大概是因为他太客气了，囚犯们有时候说话的时间比干活的时间还要长，这让他很生气。但是他并没有采取暴力方式来管制他们，而是单独和曼德拉谈了一次，很客气地和曼德拉商量，希望他能劝说一下大家，这样身为监狱长的他也不会犯难，他也不会为难囚犯。

曼德拉很理解监狱长，这样做对大家都好一些，他答应了这件事。但是要想比较好地解决这个问题，最好是召开个会议，原则上来说这在监狱中是不被允许的，但是威廉姆斯上校同意了这个方法。

会议之后，曼德拉再也没有听到过监狱长抱怨囚犯们怠工的事情，这也足见曼德拉在大家心中的威信。

7. 监狱外的温妮

对于被囚困的曼德拉来说，思念是一种无休止的煎熬。

在他给温妮的信中，我们能读到一个丈夫对妻子无限的关怀与思念，那种似水柔情，让我们几乎不敢相信是铁骨铮铮的曼德拉写下的，"现在，我很想你，好像一辈子从来没有这样想念过你。"他是世人眼中的英雄，但他也是一个平凡的丈夫。

温妮同样思念着丈夫。自从曼德拉被关进罗本岛，她就从未停止探监的努力。尽管总是遇到各种刁难，但是她依然努力抗争。1966年7月，温妮申请了前去罗本岛看望曼德拉。那时她正在致力于反对妇女携带"通行证"的事情，警察知道了这件事，便故意刁难她，要求温妮只有带"通行证"才能去看望曼德拉。温妮觉得能见到曼德拉比刁难更重要，最后只好带着"通行证"去看望了曼德拉。

除了精神上的压迫，温妮还面临着经济上的挑战。那时温妮已经很穷困，警察为了阻止她去看望曼德拉，要求她不能坐火车，只能乘飞机，而且必须走警察规定的路线。这给温妮造成了巨大的经济压力，但还是没能阻止温妮坚强的脚步。

身陷罗本岛的政治犯一般都是很难见到亲人的，他们的亲人想要去探监，都会像温妮那样遭到重重阻挠。他们要攻克经济的难关，还要穿过政治的难关，有些来自贫穷家庭的人甚至很多年都见不到自己的亲人。曼德拉后来回忆，他在岛上认识的一个人十几年都没有见到过自己的妻子。

而温妮因为特殊的身份和自己从事的反抗斗争，探监变得难上加难。她在看望曼德拉的时候还被要求必须路过开普敦警察局并到警察局报到。因为在1966年探视完回去的时候没有去报到，她还被判处了一年的监禁，所幸，曼德拉找律师将她保释出来。

1969年5月温妮被警察根据《反恐怖法》逮捕，并被政府指控违反了《镇压共产主义条例》，直到17个月后才被无罪释放。这期间，温妮提出去罗本岛探望曼德拉的请求也遭到了无情的拒绝。在温妮被释放后不到两周，她又遭到封禁，被软禁在家中，这样一来，探望曼德拉便更难了。

1974年，温妮再次遭到封禁，被当局要求除了她的医生和孩子外，不能和任何人见面，有一位朋友带着温妮的两个孩子去看望温妮，紧接着温妮就被判处了六个月的监禁。

没有人身自由，想要去罗本岛见丈夫便成了一个奢侈的愿望。因为当局的阻挠，他们有时候甚至隔上好几年才能见上一次面，而一次只有短短的30分钟。对两个人来说，这30分钟是何其宝贵！

他们的通信也受到极大限制。监狱当局会把曼德拉收到的信先拆开看一遍，觉得"有问题"的内容会被涂抹掉或者剪掉，甚至很多时候信根本就到不了曼德拉的手里，而曼德拉寄出去的信也常常遭到扣押。这也是曼德拉最难以忍受的。

曼德拉渴望收到来自亲人、朋友们的信笺，那些或熟悉或陌生的字迹，给了他无限的动力与希望。

在一次温妮的来信中，曼德拉得知妻子被监狱高层以曼德拉不想见她为由拒绝了她探监的申请。愤怒的曼德拉立即找到监狱长表示抗议。谈话的开始曼德拉还是尽量保持心平气和，但是监狱长却说："你夫人其实是想引起公众的注意！"这让曼德拉非常气愤，猛地从椅子上跳起来走到监狱长旁边,想把他狠狠揍一顿,但最后还是理智地克制住了自己的情绪,只是斥责他是个不知廉耻的人,然后怒气冲冲地离开了。

事情还没有结束。第二天,曼德拉就被叫到办公室,一名起诉官告诉曼德拉,他将对曼德拉威胁并侮辱监狱长的行为进行起诉。在被问到是否还有什么话要说的时候,曼德拉只说了一句"有什么话你可以和我的律师说"便离开了办公室。

曼德拉没有丝毫畏惧,反而希望能把事情闹大,让监狱高层为他们错误的做法追悔莫及。回到牢房后,曼德拉便开始起草反起诉书,指控监狱长滥用职权,控告监狱里的规定都带有种族歧视。然而就在曼德拉已经准备好反起诉书的时候,起诉官却忽然撤销了对曼德拉的所有指控,这让曼德拉分外诧异。

在强权面前,曼德拉从来不会低头让步。但他并不是通过野蛮的方式来打击对方,而是采取合理的方式维护自己的权益。这是非常明智的做法,很多人在面对强权时要么选择屈服,要么选择暴力反抗,其实屈服与暴力反抗都是对自己的伤害。只有理智面对,采取合理合法的形式才能真正保护自己。

每一次温妮争取到探视的机会,对于曼德拉来说都是非常高兴的事情。他们见面的时候是在一个小小的房间,一块厚厚的、模糊不清的玻璃将小小的房间隔成两个只有五平方米的空间,然后通过玻璃上的小孔与对方交流,说话的时候必须要用很大的声音才能使对方听清楚。后来,监狱高层在玻璃前安装了麦克风和喇叭,效果才稍有改善。

那些相见的美好时光,时常在他的脑海中回荡着,成为了他生活中重要的动力。

第七章　全球最著名的囚犯

8. 逃跑计划

尽管曼德拉已经被投进监狱，并终身被剥夺自由，白人当局依然对曼德拉很不放心，没有在瑞沃尼亚审判中给曼德拉判死刑成了他们最大的遗憾。他们处心积虑地想置他于死地，但是又不能让他不明不白地死掉，那将会使他们无法面对来自世界四面八方的追问。最后，他们决定给曼德拉设下一个圈套，让他自投罗网。

他们先在监狱中散布非洲人国民大会将要把曼德拉救出监狱的谣言，让曼德拉和他的狱友们在心理上产生越狱的念头。然后派了一名狱警前去和曼德拉联系，告诉他整个逃跑计划。

这名狱警联系到曼德拉，并将这个"计划"讲给了曼德拉：首先，他会给曼德拉配制一把他所在的关押区的钥匙，然后，他会在某一天夜里将灯塔上的看守人迷昏。最后，他会用小船将逃出监狱的曼德拉带出罗本岛，直接带到开普敦的港口，接应他的人会直接带他到机场，乘坐飞机逃到国外。

对于一个失去自由的人来说，这可谓是千载难逢的好机会。但是曼德拉考虑后，并没有为这个计划感到高兴。他和西苏鲁等人商议了一下，大家也都觉得计划不太可靠，而且那个狱警有一定的可疑之处，一旦这是一个圈套，后果不堪设想。

曼德拉没有给狱警回应，就像从来没听过这个计划一样。没多久，那名狱警就被调走了。

事实证明，曼德拉是正确的。如果他当时听了那名狱警的"逃跑计划"，在逃到南非边界的时候，就会被预先埋伏在那里的安全部队击毙。

诱惑是一个致命毒药。对于曼德拉来说，自由当然有着最大的诱惑，但是面对诱惑，他十分理智而冷静。也正因为如此，他才能最终实现民族解放的崇高愿望。

其实，曼德拉也不是没有过越狱的念头，对自由的渴望无时无刻不在他的心中盘旋着。他的狱友们也同样恨不得马上离开这个鬼地方。不过，要想从这个孤岛上逃跑，最大的困难是大海。就算他们逃脱了监狱的控制，没有船或飞机，他们也无法离开这个孤岛。

曼德拉的狱友们经常想一些越狱的办法和大家商量。一个叫杰夫·马斯莫拉的囚犯甚至趁看守不备，将监狱钥匙用肥皂套下模子，然后自己想办法做了一把开监狱大门的钥匙。

1974年的一天，一个叫麦克的犯人因为牙齿生病被带到开普敦的一个牙科诊所看病。他惊喜地发现，这里是一个非常好的逃跑地点：诊所二楼的窗户下面就是一条小路，路上行人络绎不绝，如果从窗户跳下去，马上就能逃掉。而且，牙医也有一个亲戚被关在监狱里，他对政治犯十分同情。

回到监狱后，麦克高兴地将这种情况告诉了曼德拉和其他几个狱友。他提出一个逃跑的方案：几个人一起申请去看牙医，然后从那个窗户跳下，沿着小街道逃走。

这个方案虽然有一定危险，但还是可行的。与其一辈子被困在这个与世隔绝的荒岛上，还不如冒险一搏。

于是，曼德拉、麦克、姆克瓦依和另外一名犯人申请一起去看牙医。临行前，曼德拉、麦克、姆克瓦依三个人已经商量好要一起逃跑了，但是另外一个犯人却不愿意逃跑。这让曼德拉三个人感到怀疑，担心他会去告密。

到了牙科诊所，医生要求狱警给囚犯们打开脚镣，否则就不给他们检查牙齿。狱警们没办法，只好照做了。

第七章 全球最著名的囚犯

麦克带着曼德拉和姆克瓦依悄悄靠近了那个窗户,向他们详细地介绍了逃跑的路线。然而当他向窗户外面的街道望去的时候,忽然感到有些异常。上次看到这条街道的时候,路上的行人络绎不绝的,可是现在竟然一个人都没有,他小声嘀咕着:"有点不对劲。大白天,又是在开普敦市中心,街上怎么会没有一个人影呢?"麦克立即意识到,这是一个圈套:"上次我在这儿时交通拥挤,人来人往。这可能是圈套。"曼德拉听后,也非常赞同他的观点。但是,逃跑心切的姆克瓦依却不同意,甚至觉得他们两个是胆小鬼。

望着死一般寂静的街心,曼德拉和麦克极力劝说姆克瓦依。姆克瓦依最后也决定放弃这次逃跑计划了。他们只好乖乖地让牙医检查牙齿。牙医发现他们的牙齿没有任何毛病,不禁为他们没有生病却来检查而感到奇怪。

这一次逃跑计划虽然没有实践,却让他们更加加深了逃跑的念头。对自由的渴望,随着那些周而复始的体力劳动疯长着。

大家依然苦思冥想着逃跑计划,也经常会有人把自己想到的办法拿出来和大家分享,但是大多时候都是被否决的。只有一个叫艾迪的犯人想到的方法比较可行:让外面的人开着伪装的南非军用直升飞机飞到罗本岛上,直接将曼德拉接走,然后一直飞到开普敦的外国大使馆,降落在房顶上,向外国申请政治避难。

这个办法得到了大家的认同,曼德拉也觉得是非常可行的。他们想办法将这个计划传递给了流亡国外的坦博,让他来解救他们。然而信息传出之后,却迟迟没有得到坦博的回应。最后,这个计划也只能不了了之了。

三番五次的越狱计划,终究没能让那些渴望自由的人逃出铜墙铁壁的罗本岛。

第八章
一条充满荆棘的不归路

1. 六十岁礼物

罗本岛上虽然荒凉，但是被困荒岛的囚犯们内心绝不荒凉。每个人都有自己的精神世界，只要精神世界没有荒芜，无论身陷何种境地，人生永远都充满着希望。

1975年7月18日是曼德拉57岁的生日。在罗本岛上过生日是极其简单的，没有蛋糕，也没有生日礼物，大家将平时节省下来的食物东拼西凑在一块儿，多给过生日的人一片面包或者一杯咖啡，就算是庆生了。菲基勒·巴姆和曼德拉的生日是在同一天的，他们将圣诞节的糖果省下来一点，在过生日的时候尽情分享。

转眼间，三年过去了，又快到了曼德拉60岁的生日了。对于一个人来说，60岁相当于人生中的一道分水岭。过了60岁，就步入老人的行列了。曼德拉是每个人心中的精神领袖，人们希望他的故事能够记录下来，并激励年轻一代的斗志。而且，在前几十年里，白人政府封杀了绝大多数的激进媒体，禁止刊登被禁止或被监禁的个人的言论或照片。如果曼德拉能够将自己与白人政府斗争的过程写下来，对其他自由战士来说也是一个很好的激励。

于是，西苏鲁和凯西向曼德拉提出了一个建议：写一本回忆录，并在曼德拉60岁生日的时候出版。西苏鲁说："它将成为鼓舞年轻自由战士斗志的源泉。"这个建议打动了曼德拉，他同意将曾经的奋斗都用文字记录下来。

既然已经决定，曼德拉很快就作好了计划并开始行动。他白天依然去石料厂干活，然后睡觉，一直到吃晚饭的时候起来，吃过晚饭后再睡一觉，到晚上十点钟起来开始写作，一直写到第二天吃早饭。

这样写了几周之后，曼德拉身体有些吃不消了。他告诉监狱高层自己身体不太好，无法去石料厂劳动，监狱高层同意了。从此之后，曼德拉就在白天的大多时间里睡觉，晚上写作。

这本回忆录也并不完全是曼德拉一个人的，这是一个人的斗争史，更是一个群体的斗争史。为了能将回忆录写好，他们还创建了一条处理手稿的流水线：曼德拉每天都会把写好的手稿交给凯西，凯西看完之后交给西苏鲁再看一遍。他们会在手稿的空白处写下修改的意见和建议，曼德拉再根据他们的意见和建议进行修改。

曼德拉夜里不睡觉的事情让狱警产生了怀疑。他们偷偷地问麦克："曼德拉在干什么？他为什么夜间老是不睡觉？"麦克只是耸耸肩，回答说不知道。所幸，曼德拉写得很快，仅用了四个月的时间就完成了初稿。这部回忆录用最简单最平实的语言，真实地记录了曼德拉从出生到瑞沃尼亚审判的主要经历，最后以罗本岛的日记作为结尾。

在那些无眠的夜里，曼德拉的记忆像是流水般从他笔尖倾泻而出。他想起在库努和穆克孜韦尼的情景、到约翰内斯堡之后的兴奋和恐惧、青年团的风风雨雨、"叛国"审判的无休无止、瑞沃尼亚的梦想。过往的种种，几十年来的抗争，曼德拉从少年轻狂到知天命之年，与白人政府的抗争让他一步步成熟，成长，每一个脚印都记录着一个不同寻常的故事。曼德拉说："它们就像是正在醒来的梦一样，我尽量写得简单，尽量真实地用白纸黑字把它们表达出来。"

曼德拉将那些标注得密密麻麻的手稿交给拉鲁·奇巴，由他转换成一种微型的速记稿，把十页大纸转换成一张小纸。这样藏起来比较方便，也保险一些。然后将微型稿交给麦克，计划由他在1976年刑满释放的时候带出监狱交给坦博。

第八章 一条充满荆棘的不归路

因为还有一年的时间麦克才能刑满释放，才能将那部微型稿带出监狱，为了保险起见，他们必须先留着手稿，等确定微型稿已经安全转移到国外的时候，他们才能将手稿销毁，以防被监狱高层知道。

厚厚的手稿足足有 500 页，要想把这些手稿藏好也不是简单的事情。狱警经常会突然搜查他们的牢房，藏在房间里是不安全的。最后，曼德拉等人决定将手稿用塑料包裹好后埋在花园里。

狱警经常坐在院子北面的办公室里，从办公室里看不见与隔离关押区相邻的南面，那里的小花园便成了曼德拉埋藏书稿的首选位置。

为了避免坑挖得太大而引起怀疑，他们将书稿分成了两个小包和一个大包这样三份进行埋藏。他们提前找了几根锋利的铁钎，在一天早饭过后悄悄来到了预先找好的小花园。他们假装在那里聊天，确定环境安全后，曼德拉使了个眼色，几个人迅速动手挖坑。曼德拉在排水管的下面挖了个较大的坑，将最大的一包埋在那里。完全藏好后，三个人迅速离开了小花园。

终于不必再为书稿的事情提心吊胆，曼德拉等人都感到很安心。然而刚过几周，一天早晨，曼德拉听见了院子里传来一阵阵镐头和铁锹刨地的声音。当他们被允许从牢房里出来洗漱的时候，曼德拉赶紧向埋藏书稿的那个花园看了看，他紧张地发现，一群普通犯人正在那里干活，更要命的是，他们挖土的地方正是书稿的埋藏地。

原来监狱高层想在隔离关押区前面垒一道墙，以防止隔离关押区的犯人能和曼德拉等政治犯联系。

所幸，在吃早饭的时候，那些普通犯人就离开了。曼德拉、西苏鲁、凯西和艾迪·丹尼尔斯四个人赶紧趁着狱警不注意将那两小包书稿挖了出来，并交给艾迪准备销毁。另外的一个大包因为埋在排水管下面，他们觉得是比较安全的，所以没有取出来。结果，就是因为这一丝侥幸，导致监狱高层发现这包书稿的时候，剥夺了他们整整四年的学习权利。

所幸，麦克在12月刑满释放后，成功地将那部微型稿带出了监狱，并最后交给了坦博。这部回忆录为以后研究曼德拉领导的黑人解放运动留下了大量的珍贵史料，无论从文学价值上来说，还是从史学价值上来说，都是弥足珍贵的。

2. 索维托暴乱

一天天，一年年，罗本岛上的花草枯了又荣，荣了又枯。时光的转盘悄无声息地转过了十几个年头。

罗本岛上的生活虽然十几年来几乎没有变化，但是外界的一切每一时每一刻都是千变万化的。白人政府对黑人的压迫越来越严重，种族隔离让成千上万黑人不停地奋起反抗。

1974年，南非白人政府宣布在黑人中小学中的一半课程都要用南非荷兰语（即阿非利亚语）作为教学语言，此前，学校都是用英语进行教学的。学生不愿意用这种语言上课，老师更不愿意用白人语言来教授学生。于是抗议运动很快就出现了。1975年，部分黑人学校开始出现罢课与抗议，到1976年，这种抗议情绪已经席卷了全国，各地纷纷出现黑人学生与教师的罢课与示威运动。

1976年6月16日，在约翰内斯堡西南郊的索维托镇发生了一场由1.5万名黑人学生参加的游行，要求政府取消用阿非利亚语作为教学语言的规定。

本来，这只是一场游行示威，但是却因为警察的野蛮开枪而演

第八章 一条充满荆棘的不归路

变成了一场流血暴动。警察没有鸣枪警告,而是直接向手无寸铁的学生们开枪,愤怒的学生便用石块砸向白人警察。一场混乱,最终有几百名学生被警察打死,两名白人警察死于石块的砸击。

索维托暴乱的消息传遍了整个南非,愤怒的情绪在每个黑人身上迸发出来。参加索维托暴动的学生大多是《班图教育法》的受害者,他们带着多年来被压迫的愤怒长大,成长为南非最激愤的一代黑人青年。他们反抗压迫的手段比曼德拉那一代要暴力得多,相比之下,曼德拉反而成了温和派。

在这次运动中,一个新兴的反抗白人政府的组织让人们有了眼前一亮的感觉,这便是黑人觉悟运动组织。这个组织是由南非最愤怒的一代青年组成,他们就像当年曼德拉领导的青年团一样,与白人政府展开了激烈对抗。

很多黑人觉悟运动组织的成员被抓进了罗本岛,和曼德拉关押在一起。他们这样激进的行为让曼德拉感到有些惊讶,但是也为这些青年身上张扬着的希望而高兴。他试图和这些青年接触,并很快和他们打成了一片。不过,非洲人国民大会和阿扎尼亚泛非主义者大会本来就时有摩擦,现在又多了一个黑人觉悟运动组织,三个组织在一起,矛盾就更加尖锐起来。而曼德拉总是能以一个"和事佬"的身份出现,调解三个组织之间的矛盾。

曼德拉是希望三个组织能够团结一致的,一起来面对他们共同的敌人。但是非洲人国民大会内部的一些成员却不理解曼德拉,认为他不顾组织的利益,反而帮助外人说话,但这并不能影响到曼德拉的坚持,他要让所有反对南非白人政府的组织团结在一起,共同面对敌人的攻击,只有团结起来,希望才会更大。

黑人觉悟运动组织的成员对罗本岛的条件非常不满。他们正是血气方刚的时候,对白人的愤怒一触即燃,只要有不满的地方,他们便会马上起来反抗。在他们来罗本岛之前，狱警一个人可以看管三个犯人，但是在他们来了之后，一个狱警看管一个犯人还很吃力。

黑人群众努力反抗，白人政府也对他们施加着更为严厉的压迫。1976年10月26日，南非政府通过《班图自治法》将特兰斯凯划分为班图自治区，种族隔离更加严重了。

特兰斯凯的独立只是一场政治闹剧。白人当局这样做，无非是想让黑人完完全全地与白人隔离开来。虽然从表面上看，特兰斯凯是自治的，但是实际上却是南非白人政府的傀儡。

特兰斯凯的领导人马坦兹马正是曼德拉的侄子。曼德拉为了反对种族隔离身陷囹圄，而马坦兹马却在特兰斯凯大搞种族隔离，为了拉拢曼德拉，他还曾去罗本岛找曼德拉，但是曼德拉拒绝见这个侄子。曼德拉听说特兰斯凯独立以及马坦兹马的种种行为后很气愤。如果与马坦兹马见面，会让外界误以为曼德拉和马坦兹马站在了同一条战线上。

这种奴役式的独立激起了更多黑人的愤慨之情。特兰斯凯是曼德拉的家乡，如果曼德拉能承认特兰斯凯独立，那将会对这个政策的实施起到很大的推动作用。于是，当时的监狱管理局局长吉米·克鲁格和曼德拉谈了一场交易：如果曼德拉承认特兰斯凯独立，并同意出狱后到特兰斯凯居住，南非政府就会缩短他的刑期。

曼德拉渴望自由，但是他不会用自己终生的信仰去换取自由。曼德拉果断地拒绝了，他觉得那是只有叛徒才会做出来的事情。

克鲁格并没有因为曼德拉的拒绝而死心，后来又跑到罗本岛，企图说服曼德拉，但无论他提出的条件多么有诱惑力，都被曼德拉义正词严地拒绝了。

信仰是一个人生活的动力，曼德拉决不会为了自由而出卖信仰。无论是在监狱外，还是在监狱里，曼德拉对白人政府的抗争从未停止过。

第八章　一条充满荆棘的不归路

3. 托起希望

　　索维托运动的硝烟还没有消散，草木皆兵的白人政府又镇压了一个名为"黑人父母联合会"的组织。这个联合会是一个以当地专业人士和为学生提供帮助及调解服务的教会首脑为主要成员的组织。刚刚吃过青年学生的亏，白人政府担心这些家长也会像学生一样发起暴动，干脆来个先下手为强，对联合会的成员展开大肆逮捕与镇压。

　　温妮和曼德拉的一位老朋友恩塔托·莫特拉纳医生都参加了这个联合会。在学生暴动后不到两个月，温妮就被警察依据《国内安全法》逮捕，并未经指控就被关进了约翰内斯堡的福特监狱。这一次，她被关押了五个月。

　　政府的高压政策只能让反抗的群众更加激愤，更加坚定反抗它的决心。温妮在12月出狱后，更加坚决地投入到她的斗争事业中去，丝毫没有因为政府的压迫而有所退缩。

　　温妮的威望在众多学生和家长中越来越高，这让政府对温妮感到害怕。为了削弱温妮的影响力，1977年5月16日的夜里，白人政府派了多辆警车、轿车和一辆卡车停在奥兰多西曼德拉家门外，强行将他们的家具和衣物装上了卡车，连同温妮和她的女儿，一起运到一个名叫布兰德福特的小镇上。

　　这一次，温妮遭到的不是逮捕，而是流放。

　　布兰德福特是一个荒凉的小镇，大约位于约翰内斯堡西南250英里处，是一个非常贫穷、非常落后的地方。当地人说塞索托语，温妮不会讲，也听不懂这种语言。政府给温妮安排的房子没有取暖设施，没有卫生间，也没有自来水。在这里，这对柔弱的母女经常遭到警察的骚扰、恐吓。不过，坚强勇敢的温妮很快适应了这里的生活，并和当地人建立了很好的关系。

就算被流放到这样一个穷困的小镇，温妮依然没有停止奋斗。她在反饥饿组织的帮助下向镇上的人提供食物，还为镇上的儿童办起了一个托儿所，并募集资金，在那个很少有人见过医生的地方建立起了一家诊所。温妮举动赢得了当地人的好感，也赢得了更多的支持。

曼德拉对温妮被流放的消息非常愤怒。奥兰多的小家里，沉淀着太多美好的回忆，就算身陷囹圄，他依然时常想象心爱人在房内的各种活动，依然想象那些熟悉的场景。然而布兰德福特对曼德拉来说是荒凉而陌生的，那种感觉，仿佛是妻子和自己同时被关进了监狱。

不过，没多久，曼德拉收到了一个好消息：他和温妮的大女儿泽妮将要与斯威士兰的索布胡萨国王的儿子图布姆兹王子结婚。按照他们的传统，新娘的父亲必须与没过门的女婿谈一次话，并对他的前途作出评价。作为父亲，会和新郎商定聘礼的多少，然后由新郎亲自送到新娘家。在婚礼的当天，新娘的父亲必须亲自把女儿交给新郎。然而被剥夺了人身自由的曼德拉，这些作为父亲的权利也被剥夺了。他只能请他的朋友和法律顾问乔治·毕佐斯代替自己履行了父亲的职责。他请乔治与王子谈一下，问问他打算如何照顾泽妮。乔治在与王子见过面之后，又到罗本岛上向曼德拉作了汇报。

乔治告诉曼德拉，两个年轻人如何相互爱慕，他这个未来女婿又是如何有前途等等，他的父亲索布胡萨国王是一个开明的传统领导人，同时也是一位非洲人国民大会成员。女婿的优秀让曼德拉高兴，但是他也必须让这位未来女婿知道，自己的女儿也是非常优秀的。在一个父亲眼中，女儿永远是捧在手心里的宝贝。曼德拉让乔治转告新郎，他要娶的也是一位泰姆布的公主。

泽妮成为斯威士王室的成员后马上就被授予了外交特权，可以随时探视父亲。泽妮和图布姆兹王子的女儿出生不久，两人就带着女儿一起来到罗本岛看望父亲。

因为王子的社会地位，他们被允许在咨询室里见面，而不必用那层厚厚的玻璃隔开。曼德拉紧紧地拥抱了女儿泽妮，上一次抱着女儿，她还像现在的外孙女这样小，想不到一晃二十多年，女儿已经有了自己的女儿，让曼德拉忍不住感慨："时间似乎就像科幻小说中过得那么快。"

曼德拉拥抱着女儿足足有两分钟，然后被狱警粗暴地打断了，曼德拉便又过去拥抱女婿，又抱起了心爱的小外孙女，在整个探视期间，曼德拉再也没舍得把她放下过。他用那双长期以来一直在握着镐头和铁锹的粗糙的大手托着那么脆弱、那么柔软的新生婴儿，那种喜悦如蜜糖从他的心中潺潺流过。曼德拉觉得"一个男子汉抱着一个婴儿从来没有像那天那么高兴"，那也是他25年来第一次抱小孩。

那天的见面还有一个重要目的，就是由曼德拉亲自给外孙女取个名字。由外祖父给外孙女取名字是南非的一种习惯。曼德拉给她取名"扎孜蔚"，意思是"希望"。这个名字里包含着曼德拉对外孙女的希望，同时也包含着自己对未来、对整个南非的希望。在监狱里这么多年，曼德拉从来没有放弃过希望。曼德拉相信，"这个孩子将是南非新一代的组成部分，对他们来说，种族隔离将成为一种遥远的记忆"。

4."释放曼德拉"运动

自从曼德拉被关进监狱，呼吁释放曼德拉的声音就从未停止过。尤其在70年代末和80年代，一场"释放曼德拉"的运动在南非乃至国际上都掀起了新的高潮。这一运动对南非白人当局的政治影响很大，来自四面八方的压力一起向白人政府袭来。

在当时的南非，一些建筑的墙上经常能看见"释放曼德拉和其他人"的标语，很多上学的孩子就看着这些标语一天天长大。

1980年，流亡国外的非洲人国民大会宣布这一年为"行动年"，并庆祝《自由宪章》发表25周年。与此同时，轰轰烈烈的"释放曼德拉"运动也展开了。

这一年的年初，三名刚刚潜回国内的"民族之矛"游击战士在比勒陀利亚城郊的一家银行劫持了两名人质，要求释放曼德拉，最后以流血失败而告终。3月初，黑人报纸《星期日邮报》以"释放曼德拉"为标题发出强烈呼吁，一时间，一场关于是否应释放包括曼德拉在内的所有政治犯的大讨论在全国范围内展开了。

德斯蒙德·图图大主教发起了教会的签名运动，要求政府释放曼德拉和其他所有政治犯。

曼德拉的小女儿津齐·曼德拉高呼着"给我父亲自由"的口号也加入了这一席卷整个南非的运动。作为曼德拉的小女儿，她坚持反抗白人政府的种族隔离政策，并强烈要求政府释放自己的父亲。在一次演讲中，她这样说道："就个人来说，我所受的苦难比任何黑人孩子都要多，我经历了无数恐怖的折磨。我看到我的父母牺牲了所有的物质利益，为正义、荣誉和人类尊严而战斗。我知道，他们为事业放弃了一切。我知道，有成千上万的父母亲也在这样做。他们为自由而奋斗。"

1980年3月23日是沙佩维尔惨案20周年的纪念日。在纪念会上，人们热烈响应莫特拉纳医生的倡议，要求释放曼德拉和其他政治犯。这股洪流席卷了各种报刊、各界人士和各种族的青年学生，他们纷纷加入请愿的行列。

于是，紧随其后的是南非国内乃至世界各国一波接一波的要求释放曼德拉的呼声。1981年在法国有17 000人签名要求释放曼德拉的请愿书被送到巴黎的南非大使馆。1982年在非洲的非洲统一组织呼吁释放曼德拉，欧洲有1400个欧洲城市的市长联名要求释放曼德拉，到8月份，有53个国家的2000名市长在要求释放请愿书上签名。1983年荷兰国会要求荷兰政府敦促南非政府释放曼德拉和其他所有政治犯，并准备为曼德拉提供政治避难，英国的78名议会议员要求释放曼德拉。1984年英国最负盛名的"特别AKA"流行歌曲演唱团发行了一张题为"释放曼德拉"的唱片，这部唱片一发行便很快成为了受青年人欢迎的流行音乐，并被列为摇滚乐的十大唱片之一；在美国，135名众议员提交要求释放曼德拉的决议并通过了参议院的批准；联合国秘书长德奎利亚尔收到了特雷沃尔·哈多斯顿大主教提交的有50 000人签名的要求南非政府释放曼德拉和其他所有政治犯的请愿书。1985年英国代表50多个英国市镇的市长身着礼服在伦敦展开了一场大游行，要求英国首相采取措施以保证曼德拉得以释放……

曼德拉成了全世界最著名的囚犯，从来没有这样一个人，受到如此广泛的关注，从来没有这样一个人，能够得到如此广泛的支持。在被囚禁的时候，曼德拉从未停止过对自己的提高。他每天都坚持锻炼身体，通过练习拳击、做俯卧撑等来保持自己强健的体魄。

曼德拉的精神感动了整个世界，国际社会给予了他各种殊荣：意大利的罗马市、希腊的奥林匹亚市、英国的格拉斯哥市和阿伯丁市授予了曼德拉"荣誉市民"称号；印度政府为他颁发了"尼赫鲁奖"；委内瑞拉授予他"西蒙·波利瓦尔奖"；第三世界社会经济研究基金会为他颁发了"第三世界奖"；当时的德意志民主共和国为他颁发了"国际友谊明星奖"；古巴为他颁发了"普拉亚·吉隆奖"；另外，还有很多大学授予了曼德拉荣誉法学博士学位，如莱索托大学、布鲁塞尔自由大学、纽约市立学院、英国的兰凯斯特大学等。

轰轰烈烈的释放曼德拉运动给南非政府施加了巨大压力，他们再也不能装聋作哑，对要求释放曼德拉的呼声充耳不闻了。1982年，他们将曼德拉从关押了18年的罗本岛带到了开普敦的波尔斯穆尔监狱，和曼德拉一起被带过去的还有西苏鲁和雷蒙德。

波尔斯穆尔监狱位于开普敦东南部的一个风景区，相较于罗本岛的环境，这里简直像一栋别墅。在曼德拉等人被转移的当天，民众就从报纸和电视新闻里得知了这个消息。他们纷纷猜测政府这样做的目的。有人猜测是因为曼德拉身体出了问题，把他关押在这里距离医院近一些，便于就医。谣言一经散布，马上就有很多媒体进行了捕风捉影的报道，这让身体健朗的曼德拉哭笑不得。

在波尔斯穆尔座监狱里，曼德拉的一举一动都牵动着疯狂的媒体，他们恨不得把曼德拉的每一个细节都报道出来，而且常常添油加醋。曼德拉抱怨鞋小挤得脚趾疼，结果被媒体报道称"曼德拉的脚趾断了"；曼德拉抱怨房间太潮湿，结果被媒体报道成"曼德拉的房间发了大水"……

5. "我迟早会回来的"

波尔斯穆尔监狱的生活环境比罗本岛好很多。迫于外界的强大压力，政府对曼德拉的态度有所缓和。

1984年5月，温妮带着女儿和外孙女前来看望曼德拉，狱警忽然要求和温妮单独谈话。这让温妮吃惊不已，一种不祥的预感像阴云一样笼罩在心头，她以为是曼德拉的身体出了什么状况。让她感到意外的是狱警是让她和曼德拉单独在一个房间见面，而不是像以前那样隔着一层厚厚的玻璃。

这是曼德拉被关进监狱21年以来第一次可以这样清晰地看着并能触碰到妻子。他们热切地拥抱，亲吻，多少年来所承受的思念的煎熬，都在那一刻轰然倾泻。

在这里，曼德拉还被允许看报纸。为了一张小小的报纸，曼德拉吃尽了苦头。在这里，他再也不用偷偷摸摸地看报了。在报纸上，他知道了很多以前不知道的消息，被关押这么多年，尽管他采取了各种方式与外界联络，但能传进监狱的信息毕竟还是有限的。

曼德拉从报纸上知道了自己一手创建的"民族之矛"依然在发展壮大，战士们为了共同的目标勇往直前。但是，南非白人政府也加剧了对非洲人国民大会和"民族之矛"的镇压。1981年，南非政府的军队袭击了非洲人国民大会在马普托、莫桑比克的办事处，有13人遇害，其中包括妇女和儿童。1982年，"民族之矛"的战士在种族隔离的发电厂、军事基地等地实施了爆炸。南非政府立即像一条红了眼睛的饿狼一般猛扑向非洲人国民大会，很快血洗了另一个非洲人国民大会的基地，又有42名非洲人国民大会的成员遇害。

"民族之矛"的战士更加愤怒，他们在1983年第一次使用汽车炸弹炸毁了政府的一个空军情报部门，导致19人死亡，200多人受伤。

这样的镇压与反抗几乎形成了一种恶性循环。白人政府只想从血腥的镇压入手，却没有看到这种血腥镇压只会招致更加强烈的反抗。1983年，白人当局又颁布了新的隔离法案，一个叫作"联合民族战线"的反抗组织也应运而生。这个组织联合了600多个反对种族隔离的组织，对该法案展开了规模浩大的反抗。国际上，很多国家都要求南非废除种族隔离政策，南非政府陷入了内外交困的局面中。

"民族之矛"所制造的一系列暴力事件产生了一定的负面影响，也破坏了非洲人国民大会和曼德拉在其他国家的形象。美国甚至将非洲人国民大会列为恐怖组织，将曼德拉划入恐怖分子的名单，直到曼德拉90岁的时候才把他的名字从名单中删除。

为了确定曼德拉到底是不是一名恐怖分子，一些人对曼德拉进行了访问。访问的结果当然是否定的，曼德拉机智而诚恳的回答赢得了广泛的好评。

1984年，英国议员贝泰尔爵士访问曼德拉。当他问曼德拉是否放弃武装斗争的时候，曼德拉告诉他，他们是否放弃武装斗争的关键因素全在政府。如果当初政府没有动用暴力武装镇压他们的非暴力运动，他们也不会被迫拿起武器进行斗争。

1985年，美国律师塞缪尔也访问了曼德拉。在这次谈话中，曼德拉再次表明了自己和非洲人国民大会的立场。他告诉塞缪尔，他所追求的是同白人在政治权利上的平等。在谈到"民族之矛"发起的一些爆炸事件的时候，曼德拉说，他们虽然不能在战场上打败政府，但是却可以给政府制造麻烦。他相信政府迟早有一天会说："我们已经对你们制造的麻烦不胜其烦，咱们还是坐到谈判桌上好好谈

第八章 一条充满荆棘的不归路

谈吧！"

与政府在谈判桌上的和谈是曼德拉一直以来所期盼的。但是，南非政府把非洲人国民大会看作恐怖组织，非洲人国民大会把南非政府看作邪恶的法西斯政府，双方都不愿意主动提出和谈。他们都认为，谁先提出和谈，谁就是在向对手妥协，会被认为是懦弱的，那将是一种耻辱。

不过，曼德拉还是主动发出了和谈的信号。如果能早日解决种族隔离的问题，谁先提出和谈是无所谓的，只要在谈判桌上将己方的权益维护好，这便足够了。

白人政府越是热衷于种族隔离，呼吁释放曼德拉的声音便越是强烈。1985年1月，总统博塔第六次发出了释放曼德拉的信号。不过，这个释放是有条件的，那就是让曼德拉接受非洲人国民大会一直不愿意接受的一些条件。

那时候，外面流传着一个谣言：曼德拉已经背叛了非洲人国民大会。这个谣言让曼德拉气愤不已，为了表明自己的忠心，也向南非政府公开自己的立场，曼德拉写了一封拒绝政府有条件释放的公开信，并让家人在2月10日的联合民主阵线大会上进行宣读。当时温妮遭到监控，泽妮又身在国外，这个重任便落在了曼德拉的小女儿津齐身上。年仅25岁的津齐勇敢地接过了这个重任，为了鼓励女儿，温妮冒着被拘捕的危险也前去参加了这个大会。站在讲台上的津齐一眼就看见了人群中的母亲，一种莫大的鼓舞给了她无限的力量。对于她来说，读完这封信需要很大的勇气，因为读完这封信就意味原本可以重获自由的父亲离获得自由再次遥遥无期。但是，津齐支持父亲的选择："我相信他之所以选择这条路自有他的道理。"

在公开信中，曼德拉这样写道："当我和你们，我们的人民，还没有获得自由的时候，我不能给予你们有关自由的任何承诺，但是，你们的自由和我的自由是紧紧捆绑在一起的。我迟早会回来的!"这样激励人心的话语,让广大群众更加坚定了心中的信念,也让曼德拉再一次在民众心中树立起无可替代的领袖形象。

6. 和平谈判

1985年8月,曼德拉被检查出患有前列腺肿大,被送往医院进行手术治疗。

曼德拉一直希望能够与政府和谈,在他住院期间,司法部长库依茨前去探访,曼德拉将这件事看作非洲人国民大会与南非政府和谈的前奏。

曼德拉出院后,监狱高层给曼德拉安排了单独的牢房。这样有利于曼德拉静养,同时也更有利于他与政府展开和谈。

不过,曼德拉希望和谈,并不代表着所有的非洲人国民大会成员都希望和谈,如果非洲人国民大会知道了曼德拉的想法,很可能和谈就被扼杀在萌芽中了。所以,曼德拉没有将自己的想法告诉非洲人国民大会的其他人员,对于和谈,曼德拉虽然抱有较大希望,但是也并不能确定这种办法是否会奏效。为了不连累组织,他决定如果这条路出现问题,所有的结果都由自己来承担:"到那时,我可以找一个借口:老人被单独关押那么多年,早已经和外界断绝了联系,并不了解外界的一切事务,他所做的一切都是他的个人行为,不能代表非洲人国民大会。"

1985年10月,在由多个国家参加的英联邦会议上,大家就是否对南非实施制裁展开了激烈的讨论。因为意见分歧很大,最后,他们决定由七位著名人士组成代表团前去南非考察,并访问了曼德拉。

曼德拉对他们再一次表明自己和非洲人国民大会的立场，说明非洲人国民大会的目标是建立一个没有种族歧视的国家，让各种肤色的人都能在这个国家里享有相同的权力。

这也是曼德拉毕生追求的目标。

在谈到暴力斗争时，曼德拉说："我们虽然还不打算放弃暴力革命，但是暴力革命绝不是解决南非问题的最终办法。想让我们放弃武装斗争也不是不可能的，首先政府要从各个城镇撤出他们的军队。"

为了不连累组织，曼德拉一再声明他的话仅代表个人观点，与非洲人国民大会无关。

本来，英联邦代表团准备建议南非政府与非洲人国民大会进行和谈，然而就在代表团计划会见内阁部长们的那天，博塔总统发布命令，对非洲人国民大会在博茨瓦纳、赞比亚和津巴布韦的基地发动了突然袭击。这使和谈的气氛完全被破坏掉了，英联邦代表团立即离开了南非。曼德拉又一次感到："我为促进和谈所做的工作遭到了挫折。"

政府的突袭引起了非洲人国民大会乃至全国民众的愤怒。坦博和非洲人国民大会号召南非人民进行武装暴动，立即得到了广泛的支持。一时间，动乱和政治暴力达到了新的高潮。在这种紧张的局势下，南非政府不得不于1986年6月12日宣布全国进入紧急状态，"企图捂住抗议浪潮的盖子"。

南非政府的行为让和谈变得看起来已不可能，但也正是在这种紧张的局势下，似乎不可能的和谈又开始出现转机。

当月，曼德拉给威廉姆斯将军写了一封很简单的信："我希望看到你能在国家重大问题方面发挥作用。"很快，曼德拉就见到了威廉姆斯将军。曼德拉表示想见司法部长库依茨，幸运的是，库依茨当时正在开普敦开会，威廉姆斯将军立即给库依茨打了电话，在得到允许后马上就带曼德拉去了库依茨在开普敦的住所。

这样高的效率，几乎让曼德拉怀疑他们是否早就为这次会晤作好了准备。不管怎样，曼德拉觉得这无疑是一次朝着和谈迈出第一步的机会。

库依茨很热情，他那种机警老练和愿意倾听意见的态度给曼德拉留下了深刻的印象。他们谈了三个小时，在被问及"下一步将怎么办"的时候，曼德拉回答说："我要见国家总统和外交部部长皮克·博塔。"

库依茨将曼德拉的要求都记录在了随身携带的一个便笺上，包括要见总统博塔的要求。虽然库依茨答应帮他传递这个信息，但是回到监狱后的曼德拉等了好几个月也没有得到任何消息。

1987年，曼德拉依然没有见到博塔总统，但是和库依茨又进行了几次交谈。最后，政府决定在年底组建一个由政府高级官员组成的委员会和曼德进行秘密和谈来商洽与政府公开和谈的事情。

在秘密和谈中，政府要求非洲人国民大会放弃暴力。曼德拉反驳，政府要对反抗者的暴力行为负责，因为是政府逼迫他们作出暴力反抗的，他们只不过是以暴力来反抗暴力而已。

在与南非政府的商谈中，曼德拉始终站在人民的立场上。政府还要求非洲人国民大会与南非共产党决裂，因为他们觉得非洲人国民大会是共产党控制的。对于这个要求，曼德拉依然拒绝了。南非共产党与非洲人国民大会有着共同的目标——消灭种族歧视，结束种族压迫，在这个共同的目标下，共产党与非洲人国民大会建立了深厚的友谊。曼德拉说，没有哪个自由战士为了取悦自己的对手而抛弃自己的盟友。

在商谈的过程中，曼德拉再一次表明了自己和非洲人国民大会的立场——实现各个种族的平等，不论白人还是黑人，都可以拥有同样的权力。

这样的商谈一直持续了几个月，也解决了一些问题。最后，谈判委员会告诉曼德拉，博塔总统将会在1989年8月底和他见面。

这是曼德拉一直所等待的。与博塔总统的见面，也意味着自由的大门距离他又近了一步。

7. 礼节性拜访

为了能早日见到博塔总统，曼德拉不停地写信催促。终于，南非总统博塔邀请曼德拉到他位于开普敦的总统官邸用茶，曼德拉立即欣然接受了这一邀请。他们将这次会面的时间定在了1989年7月5日。在与博塔总统见面之前，曼德拉被提前转移到了开普敦的威尔斯特监狱中。

官方将这次会面称为"礼节性拜访"。对于博塔总统，曼德拉早已作了提前的了解。博塔是个很固执又很守旧的人，认为黑人应该无条件地服从白人。他的坏脾气也是出了名，尤其在他中风后，脾气更加暴躁了。这些都让曼德拉有些紧张，他不得不在心里打上个几千份草稿，以应付博塔有可能提出的各种难题。

在去往总统官邸的路上，带领曼德拉的司法部长等人就一再叮嘱曼德拉，千万不要和总统谈论一些有争议的话题，以免激怒总统。这时候曼德拉才发现，原来紧张的不只是他自己，身边陪他一起见总统的人同样紧张。

见到曼德拉后，博塔总统面带微笑地迎过来与曼德拉亲切握手，这样客气友善的总统让已经作好了最坏打算的曼德拉感到有些难以置信。

不过，当曼德拉提出释放所有政治犯的要求时，被博塔拒绝了。这是曼德拉预料之中的，虽然没有达成共识，但谈话依然是很愉快的。这次会面之后，曼德拉对和谈更加充满希望。

7月8日，博塔与曼德拉会谈的消息开始在开普敦、比勒陀利亚、约翰内斯堡等地的街头巷尾流传。很快，这个消息得到了政府的证实。但是为什么要谈话、谈话的内容是什么，却没有人知道，政府也对此保持缄默。

再过一个月就是南非大选了，博塔对这次选举已经失去了信心。在他会见曼德拉之前，已经在南非国民党内部相当孤立的博塔没有对任何同僚或政府官员透露半点消息，这导致一些人对他这次的单独行动颇有微词。人们猜测，博塔总统之所以在明知要离开总统职位之前会见曼德拉，其实是想在离职之前制造一些轰动效应。

新就任的德克勒克总统在就职演讲中向民众宣布了将会进行体制改革等事宜。在他就职前，人们的游行示威权和言论自由权都遭到禁止，在他就职后，这两项重要的权利终于又回到民众手中，只要不使用暴力，就不会被禁止。

在德克勒克成了总统后，曼德拉依然和秘密和谈委员会的人保持着联系。他一再提醒委员会的人，必须无条件释放所有政治犯。1989年10月10日，德克勒克总统宣布释放七名在罗本岛或曾经被关押在罗本岛的政治犯：沃尔特·西苏鲁、雷蒙德·穆拉巴、阿迈德·卡特拉达、安德鲁·木兰基尼、伊莱亚斯·莫佐乐迪、杰夫·马塞莫拉、维尔顿·穆夸毅和奥斯卡·穆培塔。

虽然这一批被释放的人员名单里没有曼德拉，不过，曼德拉也知道，他距离自由也越来越近了。

德克勒克就职后实施了一系列利于解除种族隔离的措施，比如宣布南非海滩度假胜地向所有肤色的人开放，并声明，《保留福利设

第八章 一条充满荆棘的不归路

施隔离法》也将很快被废除。这意味着多年以来把公园、剧院、餐馆、公共汽车、图书馆、厕所和其他公共设施都按照种族进行分离式管理的时代即将成为历史。11月,德克勒克宣布解散"国家安全管理系统"——一个在博塔执政期间建立起来的专门对付反隔离力量的秘密机构。

12月初,曼德拉被告知他与德克勒克总统的会见被安排在当月的12日。在这次会面中,德克勒克很认真地听取了曼德拉的意见,曼德拉对他的印象是"注意倾听我必须要说的话,并不与我争论"。

他们谈到了刚刚颁布不久的关于团体权利的法律。这是用来保护少数白人的一部法律。因为在当时的南非,黑人数量远在白人之上,白人总是担心一旦实现了种族平等,少数白人就会受到多数黑人的压迫,德克勒克总统认为这部法律能够减轻白人的担心。但是曼德拉认为,"'团体权利'与其说能减轻白人的担心,倒不如说会增加黑人的担心。"最后,两人各让一步——对这部法律进行修改。

曼德拉还向德克勒克表达了希望能解除对非洲人国民大会以及其他被取缔组织的禁令。否则,就算他出狱了,依然是为一个非法组织工作,这样一来,政府还是要把他抓回监狱。

德克勒克总统对曼德拉提出的要求都作了认真的记录,但是他并不能向曼德拉作出任何承诺。不过,德克勒克总统很快就让曼德拉的要求成为了现实:在1990年南非政府召开的会议上,德克勒克宣布解除对非洲人国民大会、阿扎尼亚泛非主义者大会、南非共产党等反种族歧视组织的禁令。之后,他又废除了一些带有种族歧视的法律,如《土地法》《集团住区法》等。

这一切似乎都在预示着曼德拉即将重获自由。公平与正义的阳光,正在南非的国土上一点点穿透层层阴云,向着万里山河普照开来。

8. 二十七年

人生不是一支短短的蜡烛，而是一支由我们暂时拿着的火炬；我们把它燃得十分光明灿烂，然后交给下一代的人们。

自由的曙光一点点涂满监狱上已经生锈的锁，曼德拉长达27年的监狱生涯终于要结束了。

1990年2月10日的清晨，监狱长告诉正在晨练的曼德拉，德克勒克总统下午要和他见面。曼德拉已经意识到了这次会面的主要目的。果然，在总统府里，德克勒克开门见山地告诉曼德拉，他打算第二天就释放他。

自由的味道像阳光一般扑面而来。虽然曼德拉迫切地渴望自由，但是他还是希望能有时间作好释放的准备，"我明天就这样出去了，可能会引起混乱，我希望一周之后再释放我。27年我都等了，还在乎再等上一周吗？"

曼德拉的话让德克勒克非常吃惊。但是他并没有对曼德拉的话表态，而是继续讲述他们释放曼德拉的计划：首先用飞机送曼德拉到约翰内斯堡，然后在约翰内斯堡正式释放。但是曼德拉对这个方法并不同意，他希望能亲自步行出威尔斯特监狱的大门，并向所有关照过他的人表示感谢，向所有开普敦的人民表示问候。

德克勒克对曼德拉的回应有些不知所措，他说了声"对不起"后就离开了办公室，过了一会儿又回来了，并告诉曼德拉："我可以答应你，在威尔斯特监狱释放你，但是时间不能再推迟了，因为政府已经将消息告诉国外的媒体了。"虽然不能推迟时间了，但总还是按照曼德拉想要的释放方式来进行，曼德拉同意了。

第八章　一条充满荆棘的不归路

曼德拉回到监狱的时候已经是深夜了。他赶紧将自己将在第二天被释放的消息托人传递给了自己的家人和非洲人国民大会的同事。

兴奋的心情让曼德拉在第二天早上四点半就醒来了。那是2月11日，一个普通而又意义非凡的日子。曼德拉的释放时间定在当天下午三点，上午可以做一些准备工作，比如将这个消息通知给大家、写讲话稿、进行出狱前体检、收拾行李等等。

监狱为曼德拉提供了装行李的箱子和盒子。对于曼德拉来说，最宝贵的财产是那些书本和资料，这些珍贵的财产足足装了十几个箱子。

温妮、瓦尔特等从约翰内斯堡乘包机赶过来的人在下午两点多才到，威尔斯特监狱的司沃特准尉还为他们准备了最后一次美餐。对司沃特准尉，曼德拉是满怀感激的，"不仅仅是因为他为我做了两年的饭，更是因为他和我做了两年的伴"。甚至对那些曾经关押他的狱警，曼德拉也是心怀感激。

幸福不是得到得多，而是计较得少。曼德拉不计较曾经的林林总总，就算是曾经伤害过他的人，他依然以德报怨。正是这份宽广与仁善，让他不仅仅是南非的曼德拉，更是世界的曼德拉。

曼德拉原定的释放时间是下午三点，因为这些事情便只能延迟了将近一个小时的时间。

下午将近四点的时候，曼德拉在温妮的陪同下，迈着矫健的步伐一步步走出了监狱的大门。27年的峥嵘岁月，在他们身后成为了一部历史，一段斗争的神话。那一刻，曼德拉意识到，"自己若不能把痛苦与怨恨留在身后，那么其实我仍在狱中"。

等待许久的民众看到曼德拉的时候发出了兴奋的欢呼。一大群记者举着照像机对曼德拉"咔嚓咔嚓"拍个不停。有人拿着一个长长的、毛茸茸的东西放在曼德拉嘴边，从没见过这种东西的他情不自禁地向后退了一步，他还以为那是一种新型武器。温妮告诉他，那是麦克风。

当曼德拉乘坐的汽车穿过人群的时候，被疯狂的人群认了出来。他们兴奋地追着汽车，拍打着车窗，有人甚至爬上了车顶，还不停地摇晃着车身。坐在车里的曼德拉感觉就像是下了冰雹一般，他不禁有些担心，"我感到，这种爱的表达方式可能会置我于死地"。

他们在人群中被困了一个多小时后，才在几十名议员的帮助下得以脱身。

司机受了这番惊吓，脱身后立即没头没脑地开着车向没人的地方开去。他们在曼德拉的朋友杜拉家停留了片刻，大主教图图就打来电话催促他们赶紧到市政厅去，因为聚集在那里等待曼德拉演讲的群众已经焦躁不安，如果曼德拉再不出现，恐怕会引发骚乱。

曼德拉等人赶紧前去。在市政厅，曼德拉从后门悄悄地溜了进去。

这次演讲的效果并不好，人们都沉浸在一片喜悦中，只要能看见曼德拉，他们就已经非常开心了，欢腾雀跃的声音几乎将曼德拉的声音淹没，何况，曼德拉已经是一位71岁的老人，又在高高的楼层之上，一个老人的声音又怎能抵过千万人的欢呼声呢！

讲完话后，曼德拉又去拜访了大主教图图。在图图家中，曼德拉还接到了坦博从斯德哥摩尔打来的电话，那样熟悉的声音让曼德拉兴奋不已。另外，时任美国总统乔治·布什、莱索托国王莫舒舒二世、赞比亚总统卡翁达等人也通过电话向曼德拉获得自由表示了祝贺。

终于告别了那一万个日夜的囚禁生活，终于能重新拥抱自由，曼德拉觉得自己虽然已经71岁，但生活才刚刚开始。

我把一生献给你
曼德拉传
NELSON ROLIHLAHLA MANDELA

第九章
从囚徒到总统

1. 因卡塔自由党

刚刚获得自由的曼德拉马上就被各种繁琐的事务包围了，就连回一次家乡特兰斯凯的时间都没有。

曼德拉出狱当天在大主教图图家里住了一夜，第二天在开普敦举行了他出狱后的第一次记者招待会。当曼德拉走入房间，看见一个炮筒一样的东西对着他的座位时，曼德拉的第一反应和昨天刚刚见到麦克风的时候一样。助手赶紧告诉他，那是话筒。看见很多记者身上扛着的摄像机，曼德拉也感到很新奇。星移物换，转眼27年，世界发生了巨大的变化，很多新事物都是曼德拉在入狱前没有见到过的。

不过，曼德拉很快就表现出了一个政治家的成熟与稳重，对记者的提问侃侃而谈。记者们对他27年的囚徒生涯充满了兴趣，曼德拉也落落大方地将自己被囚禁的生活点滴讲出来。说起曾经的辛酸历史，曼德拉没有愤怒，没有怨恨，甚至充满着感激之情，并在这些记者面前毫不掩饰地对那些曾经照顾过他的狱警们表示感谢。曼德拉博大的胸怀，让那些曾经伤害他的白人无地自容。

在这次招待会上，曼德拉指出，南非人民需要的是一个非种族主义的社会。必须全面撤销紧急状态，释放全部政治犯。他表示现在还不能放弃武装斗争的原则，当记者问他"这是不是和你早先对和平解决问题的承诺有冲突"时，曼德拉回答道："没有冲突。武装斗争仅仅是对付种族隔离暴力的自卫行动。"

一些白人担心一人一票的投票方式会对少数白人不利，关于这一点，曼德拉也对白人作了安抚，他承诺非洲人国民大会将认真对待这个问题，找到对整个国家的白人和黑人适用的方案。他还特别提到，白人同样是南非的同胞，在这个国家的发展中作出了突出的贡献。一个没有种族歧视的南非是全体南非人的国家。

曼德拉知道，千万黑人将他的出狱看作结束种族隔离的希望，他也义无反顾地挑起这个重任。然而，在当时的南非存在着很多反抗种族隔离组织，非洲人国民大会有时候也会遭到其他组织的反对。因卡塔自由党便是其中一个。

因卡塔自由党是布希勒兹创建的。布希勒兹是曼德拉在福特哈尔大学的校友，也曾经是非洲人国民大会青年团的成员。然而在曼德拉入狱后，他和曼德拉的政治方向却渐行渐远。布希勒兹在非洲人国民大会的帮助下成了夸祖卢班图斯坦的首相，随后建立了因卡塔自由党，并很快就和非洲人国民大会反目成仇，向非洲人国民大会宣战。

因卡塔自由党主张坚持南非是一个属于各种族人民的统一国家，要求黑人与白人享有共同的政治权利。虽然出发点与非洲人国民大会是一致的，但是他们却把斗争的目标放在了非洲人国民大会上，将非洲人国民大会看成与自己争天下的政治大敌。

1990年3月，因卡塔自由党的武装分子对非洲人国民大会的根据地发动进攻，200多人在这次袭击中丧生。这件事让非洲人国民大会愤怒不已，然而这还仅仅是一个开始。

曼德拉希望能通过自己和布希勒兹之间的交情来说服布希勒兹停止对非洲人国民大会的武装袭击。然而当他抵达彼得马里茨堡，却只看见了非洲人国民大会成员的尸体，布希勒兹的半点影子也没见到。

面对因卡塔自由党的野蛮行为，南非政府不但坐视不管，反而助纣为虐。在这期间，警察在约翰内斯堡的一个小城镇上拿着枪对示威的非洲人国民大会成员扫射，12人中弹牺牲，数百人受伤。7月上旬，南非政府以"参加了'乌拉行动'计划"为由逮捕了非洲人国民大会的40名成员。"乌拉行动"是南非共产党的一个早已废

第九章　从囚徒到总统

弃的计划方案，南非政府之所以这么做，无非是想通过这种方式拆散非洲人国民大会和南非共产党之间的合作关系，让两大组织决裂，他们坐收渔翁之利。对因卡塔自由党的放纵，同样也是出于这个目的。

7月份，非洲人国民大会接到情报，说因卡塔自由党的一些成员将在7月22日对塞布肯镇上的非洲人国民大会成员发动袭击。非洲人国民大会立即将消息传递给政府，希望政府采取保护措施。然而，7月22日那天，政府不但没有出面阻止，反而还护送因卡塔自由党人进入塞布肯镇。那天，因卡塔自由党人杀害了镇上将近30个非洲人国民大会成员。

谴责是无济于事的。政府两面三刀的行为让曼德拉和非洲人国民大会感到很失望甚至愤怒。

在这种形势下，非洲人国民大会中的一些人开始呼吁停止武装斗争。在全国执行委员会召开的会议上，经过一番激烈讨论，最终确定了停止武装斗争的方案，曼德拉也表示支持停止武装斗争。8月6日，非洲人国民大会和政府签订了关于停止武装斗争的协议书。在协议书中，非洲人国民大会表示愿意暂时放弃武装斗争，政府要在规定的期限内释放所有的政治犯，并对《国内安全法》作出修改。

然而，这次谈判和协议书的签订并没有减少国内频繁发生的暴力活动。因卡塔自由党依然在政府的庇佑下对非洲人国民大会展开攻击，曼德拉听说，警察在第一天收缴的武器，第二天就被因卡塔自由党的武装组织拿去袭击非洲人国民大会的支持者。

这样的局面让曼德拉感觉到，除了政府和因卡塔自由党以外，似乎还有一股"第三武装"势力，这股势力努力破坏着政府和非洲人国民大会的和谈，暗中帮助着因卡塔自由党。

这股势力很快就浮出了水面，他们就是南非警察和安全部队。

正是因为他们的帮助,因卡塔自由党才有恃无恐地对非洲人国民大会发动三番五次的袭击。

新上任的德克勒克总统同样受到来自这支势力的压力影响。热衷于种族隔离的南非国民党执政时间长达半个世纪,在这段时间里,警察和军队是维护种族隔离政策的两大利器,其中有一些种族隔离的受益者。他们不愿放弃手中的利益,便伙同反对非洲人国民大会的因卡塔自由党人作着拼死挣扎。

动荡不安的局面让每一个人都心惊胆战。曼德拉对政府的不作为忍无可忍,便发表了一封致政府的公开信,要求政府在5月底罢免司法部长和治安部长的职务,取消因卡塔自由党经常居住的移民客栈,调查安全部队的不正当行为。然而德克勒克总统只是答应在5月召开会议讨论,并没有做出任何实质性措施。

2. 愚蠢的阴谋

暴动的阴影弥漫着整个南非。政府的不作为让非洲人国民大会不得不考虑重新拿起武器维护自身的安全与利益。

很多白人对非洲人国民大会与因卡塔自由党之间的斗争幸灾乐祸。他们巴不得黑人与黑人之间产生更多流血冲突,让他们自相残杀。但是,因为政治局势的动荡,外国投资者纷纷撤离,南非经济开始出现滑坡,这让德克勒克总统头痛不已。媒体曝光白人政府的安全部门资助因卡塔自由党十万美元,用来制造暴力冲突。新闻一发布出来,德克勒克总统刚刚在国际上树立的光辉形象立刻一落千丈。

黑人之间的斗争对白人的影响也是很大的。德克勒克意识到,如果暴力冲突继续蔓延,黑人和白人都会是受害者。在非洲人国民大会的抗议下，他撤掉了国防部长和司法部长的职务，并派出军警平定白人极右势力武装分子的骚乱。

但这些措施对于暴乱问题只是治标不治本。政府希望通过黑人之间的斗争削弱黑人自己的力量，所以对因卡塔自由党人的暴动并没有从根本上制止。

1991年7月，非洲人国民大会召开了年会，曼德拉全票当选为非洲人国民大会主席。在这次会议上，曼德拉告诉大家："和谈不是一帆风顺的，因为那些政客始终不想交出他们的权力。所以大家要明白，斗争还远远没有结束。"种族隔离这座大山将黑人压迫得太久了，曼德拉表示不能再让这种痛苦延续，也没有时间再等待与政府的和谈。如果有必要，他们会建立一个过渡政府。

虽然曼德拉等人对和谈已经不抱有多大的希望，但是谈判的程序依然在稳步进行着。经过反复磋商，他们决定在12月20日召开民主非洲人国民大会。这次大会是政府、非洲人国民大会以及其他代表各民族的党派第一次召开联合大会（简称科德萨，即CODESA），联合国、英联邦、欧洲共同体以及非洲共同体也都参加了这次会议。

这次大会在约翰内斯堡召开，这标志着南非和平进程进入实质性制宪谈判阶段。

然而阿扎尼亚泛非主义者大会和因卡塔自由党对大会表示强烈反对，并展开了种种行动抵制这次大会。阿扎尼亚泛非主义者大会认为非洲人国民大会和南非国民党同流合污，还发动人民建立了"爱国战线"。

最终，阿扎尼亚泛非主义者大会没有参加这次联合大会，因卡塔自由党虽然参加了这次大会，但是领导人布希勒兹因为组成因卡塔、夸祖鲁、兹韦尼提国王三个代表团来参加的要求被拒绝，最后没有出席这次会议。另外，白人第一大反对党——保守党也没有参加这次会议，这几个党派在当时的南非都是比较有影响力的。很明显，因为他们的缺席，要想在这次会议上通过全国人民都认同的纲领是不可能的。

不过，联合大会的召开已是大势所趋，个别党派的反对并不能阻止联合大会的召开。在这次会议上，各个党派组织进行了商榷，大多数党派包括非洲人国民大会和南非国民党都赞成建立一个以成人普选权利为基础的多党派执政的南非政府，并决定起草保护公民自由权利的《权利法案》。

按照原定的计划，大会闭幕前由曼德拉作为最后一位发言人进行发言，但是德克勒克总统却一再请求曼德拉让他做最后一个发言人，曼德拉同意了。

然而，曼德拉却没有预料到德克勒克心里已经酝酿着一个阴谋。

德克勒克在讲话中强调了这次大会的历史意义之后，忽然话锋一转，在各个党派组织面前开始批评起非洲人国民大会来。他指责国民大会没有上缴武器，甚至质疑非洲人国民大会和谈的诚意。

按照原定的程序，在最后一位发言人发言后大会就该闭幕了，很明显，德克勒克要求最后发言是别有用心的，他是想让非洲人国民大会没有时间反驳他的言论，在各个党派面前诋毁非洲人国民大会的形象。曼德拉对他的行为愤怒不已，但是面对这种情况依然非常冷静而理智。他必须揭露德克勒克的丑恶行为，否则，非洲人国民大会在全国的威望必然受到极大影响。

就在德克勒克讲完话，会议即将闭幕的时候，曼德拉再次走上主席台，向台下的所有人说："我对德克勒克先生的言行十分失望，他对非洲人国民大会的攻击很不诚实。即便像他这样的一个声名狼藉的少数政府首脑也要遵守一定的道德规范。如果一个人来到这种性质的大会上依然想要玩弄他的政治手腕，南非不会有人愿意跟他打交道。他一直劝说我让他最后一个发言，我答应了他。现在才明白他为什么要最后一个发言，因为他认为我不会给予反驳，但是他想错了。尽管他犯了这样的错误，但是我还会同他合作。"

曼德拉没有让德克勒克的阴谋得逞。第二天，他们像什么都没有发生一样继续会谈。虽然表面上一如既往，但是此时彼此已经失去了信任。

这次会议后，各方达成了一个共识，一致同意成立五个工作小组，每个小组负责一个大家共同关心的问题进行谈判。这五个小组各自的任务是：第一工作小组负责营造自由的政治气氛；第二工作小组负责制定制宪原则；第三工作小组负责过渡时期的安排；第四工作小组负责处理黑人家园问题；第五工作小组负责监督以上四个工作小组的进展情况。

这五个工作小组在不到五个月的时间里就在过渡政府、"独立"的黑人家园、武装力量、新闻广播、财政问题等问题上达成了协议。这标志着南非已经处于政治过渡状态。

3. 联合政府

1992年初，曼德拉提出"1992年将成为南非制宪议会民主选举年"的说法，但并没有得到德克勒克总统的响应，他认为1994年以前不会举行公民投票。然而，很多事情并不像预料的那么简单。2月19日，在德兰士瓦省波切夫斯特鲁姆补缺选举中，白人最大的反对党——保守党出人意料之外地击败了国民党。这似乎说明德克勒克的支持者并不多。为了能赢得更多的支持，第二天德克勒克就在议会上突然宣布3月17日进行白人公民投票，投票的唯一问题是：

"你是否支持德克勒克总统1990年2月2日开始的旨在通过谈判制订一部新宪法的改革进程进行下去?"

在这么短的时间里准备一场公民投票是很仓促的。德克勒克打算如果没有得到多数人的支持,他就辞去总统职位。对于非洲人国民大会来说,德克勒克还是一位非常好的谈判对象的,如果他辞职,刚刚好转的局面可能又会出现变化了。尽管黑人没有权利参与这次投票,但是他们积极鼓励白人支持德克勒克。投票的结果显示,69%的白人选民支持德克勒克。这个结果让德克勒克受到很大鼓舞,他决定继续坚持下去,但是同时,在与非洲人国民大会的谈判中他也变得更加强硬。

1992年5月中旬,各个党派在世界贸易中心召开了民主非洲人国民大会第二次会议。在这次会议上,尽管大家在黑人家园、武装力量、临时宪法的制定以及新闻、财政等方面达成了共识,但在主要问题上形成了僵局。政府反对宪法的"多数原则",因为他们还是担心占多数的黑人一旦拥有了权力就会对白人造成不利,像白人压迫黑人那样对他们进行更为严酷的报复打击。

最后,这次谈判不欢而散,建立"多党过渡性执行委员会"的预期目标没有实现。

因卡塔自由党对非洲人国民大会的迫害依然在继续。6月17日的夜晚,一伙因卡塔自由党的武装分子突然出现在瓦尔镇大街上。他们逢人便砍,一时间血肉横飞。这场血腥的大屠杀造成了46名非洲人国民大会的支持者死亡的严重恶果,其中遇害者大多数是无力抵抗的妇女和儿童。

在这次大屠杀中,政府被认为是因卡塔自由党的帮凶,很多民众也出面作证,看见屠杀者中有白人甚至警察。尽管南非法律和秩序部长克里埃尔声称,这种指责是"彻头彻尾的谎言",但是,这样的辩解在如山铁证面前显得有些苍白无力。一位躲在床下才得以幸存的妇女说,她亲眼看见五名袭击者杀害两名居民,其中一人卷起袖子,竟然是一个白人。一些居民也纷纷告诉记者,他们亲眼看到警察护送这些歹徒回到科瓦马代勒工人住宅区。

因卡塔自由党的暴行与政府的助纣为虐激怒了非洲人国民大会,曼德拉也宣布暂时停止与政府进行谈判的一切事务。他意识到,民众的愤怒需要发泄,如果这股愤怒得不到发泄的话会产生很严重的后果。

群众运动是介于武装斗争与和谈之间的一种斗争方式。曼德拉决定发动群众斗争,这样既能避免武装斗争带来的负面影响,也能让群众发泄愤怒。于是,曼德拉开始号召人们在8月3日和4日举行为期两天的全国性大罢工。

这是南非历史上规模最大的一次大罢工。在这两天,全国有400万工人参与了罢工,10万人在比勒陀利亚工会大厦前进行抗议。

政府对这次大罢工非常恼火。德克勒克总统警告曼德拉,如果他们再煽动民众罢工,他们就会武装镇压。面对总统的威胁,曼德拉不卑不亢地回答,如果他敢武装镇压,后果将会更严重。

暴力冲突的恐怖依然笼罩着整个南非。9月7日,约10万名非洲人国民大会成员及其支持者向西斯凯黑人家园政府所在地毕晓进军,在行军途中突然遭到了保安部队的开枪扫射,造成28人死亡,200多人受伤。

这次惨案的发生也将非洲人国民大会和政府重新拉到了谈判桌前。曼德拉指出,谈判僵局必须打破,各方都应该承认自己的过失,以保证毕晓惨案不再重演。在非洲人国民大会召开的会议上,斯洛沃提出了"建立全国统一政府"的方案。他建议非洲人国民大会和国民党暂时共同分享管理权力,共同执政,并约定一个期限,到期后就按照"多数原则"进行选举。该方案得到了包括曼德拉在内的广泛支持。

最后，非洲人国民大会和政府达成了一致的意见：建立一个为期五年的联合政府，在大选中得票率超过5%的党派可以按照得票率参加政府内阁，实行多党内阁制。联合政府将在1993年年底进行大选。

4. 诺贝尔荣光

眼见事情已经得到了很好的解决，然而在4月10日的上午，曼德拉却得到噩耗："民族之矛"的总参谋长、南非共产党总书记克里斯·哈尼遇刺身亡。哈尼是公认的曼德拉的接班人，他15岁参加非洲人国民大会的青年组织，曾因参加反对种族主义的政治活动被福特哈尔大学责令退学。非洲人国民大会被政府取缔后，哈尼流亡国外多年，1990年回到祖国。他与曼德拉的感情几乎是一种师生情甚至父子情。惊闻哈尼遇刺，曼德拉的悲痛不亚于在监狱中惊闻儿子遭遇车祸去世时的悲痛。人们对这样的暴行忍无可忍，各地的黑人开始上街游行，甚至炸毁汽车和路障，防暴警察根本制止不了如同洪水一般愤怒的人潮，如果他们开枪，后果是不堪设想的。

在这种形势下，曼德拉号召人们举行了一周的示威抗议活动，让大家以合法的方式去宣泄，避免人们出现过激的举动而遭致政府暴力镇压。

德克勒克总统对黑人的命令已经起不到任何作用了，能够控制这些愤怒人群的人只有曼德拉。为了安慰广大黑人群众，曼德拉在电视台和广播电台向全体国民讲话，要他们保持冷静，并告诉他们凶手代表的只是白人中的极少数，多数白人还是热爱和平的。而且，这次凶杀案之所以得到快速侦破，还得益于一位白人妇女记下了凶手的车牌号，才让警察快速将凶手捉拿归案。

有 12 万人参加了哈尼的葬礼，包括曼德拉、西苏鲁等非洲人国民大会的领导人。在葬礼上，大主教图图作为祷告牧师，带领民众有秩序地悼念哈尼。后来，图图对曼德拉作了高度评价："1993 年那段时光，形势危急，战火一触即发。我能肯定，没有他（曼德拉）出面，这个国家肯定会分崩离析。"

就在曼德拉为哈尼的遇害而悲痛时，又接到了坦博去世的消息。坦博与曼德拉是毕生的挚友，从开办律师事务所，到共同为南非黑人解放的事业而奋斗。坦博将自己的一生都献给了南非黑人的解放事业，但是却在自由即将到来的时候离开了世界。他的去世让曼德拉更加悲痛，也感到一种深深的孤独。

在等待选举的日子里，除了这两件让曼德拉悲痛的事情发生外，还有一件让他非常惊喜的事情，那就是 1993 年 10 月 15 日，诺贝尔委员会将当年的诺贝尔和平奖颁给了曼德拉和德克勒克，以此表彰他们为消除南非的种族隔离作出的突出贡献。

对于曼德拉来说，这件事是他丝毫没有预料到的，他简直不敢相信，诺贝尔和平奖竟然会颁发给一个创建了"民族之矛"的人。

12 月 10 日，颁奖典礼在挪威的首都奥斯陆举行。12 月的奥斯陆气温已经下降到零下 10 度，但是市政厅里温暖如春。下午一点整，大厅中响起一片雷鸣般的掌声，大家纷纷起立，欢迎两位获奖者的到来。从留下的照片上，我们能看出当时的曼德拉面带微笑，非常兴奋而轻松，但是德克勒克显得有些拘谨。

在颁奖典礼的讲话上，曼德拉再次表达了自己的愿望："重新塑造一个新的南非，……这必将是一个民主且尊重人权的世界，是一个从贫困、饥饿、无知、内战以及外来侵略的恐怖中解脱出来的世界，一个能把数百万计的人民从巨大的灾难中拯救出来的世界。"

曼德拉呼吁让全世界都结束种族隔离，"我们将会尽其所能去创造一个新世界，在未来，将不会再有人被描述为不幸的人"。他引用了同样获得诺贝尔和平奖的马丁·路德·金的话：人类再也不会深陷于可悲的种族主义和战争的漫漫长夜。

和平的曙光笼罩在曼德拉的身上，更覆盖了南非这个国度。

5. 黑皮肤总统

1993年7月2日，在南非多党制宪谈判会议上，各党派经过讨论决定将总统大选的时间定在1994年4月27日。

1993年底，多党制宪谈判已经取得了决定性的突破。11月中旬，各党派通过了临时宪法草案，并提交到南非议会，12月22日宪法草案通过，是为《南非共和国宪法法案》。

新宪法的诞生宣告了白人专权时代的结束。这是南非黑人长期斗争的成果，也是各派政治力量互相妥协的表现。

因卡塔自由党对制宪谈判一直保持着抵制情绪，所以不愿意参加选举的登记。最后，各党派相互协调，将因卡塔自由党实行地方自治的条文写进了宪法，因卡塔自由党才作出妥协，最终同意参加大选。

在准备大选的日子里，曼德拉每天都在不停地忙碌着。非洲人国民大会反复提出自己的竞选纲领——南非发展计划。距离大选还有15天的时候，他们推出了六易其稿的"重建和发展计划"。这个计划给南非广大黑人带来了福音，也铺开了整个南非和谐发展的蓝图。计划中提到，在不提高税收的情况下，将通过精简政府机构、提高生产力和削减军火工业来筹措390亿兰特，用于改善黑人的生活；保证在五年时间内至少建造100万套住房；通过公共工程计划创造250万个就业机会；给250万住户提供生活用电；让全民接受高质量的十年免费教育；将30%的农田重新分配给黑人；每天每人可得到20~30升的饮用水，等等。这个计划也为非洲人国民大会争取到了不少的选票，当然，最主要的是多年来积累下来的信誉与威望。

4月27日的大选如期到来。这一天一大早，曼德拉怀着激动的心情在纳塔尔省德班市一所中学的投票站第一个投了票。这是76岁的曼德拉人生中第一次参加选举，一张照片，记录了曼德拉投下人生中第一张票的情景。那张慈祥的面庞上写着沧桑，也写满对祖国的殷切希望。对来访的记者，曼德拉这样说："这是难忘的时刻。我们几十年来的希望和梦想终于成了现实。"

这一生的奋斗，终于迎来了自由的曙光。成功的掌声是对伤口最好的愈合剂，曼德拉毕生的坚持，谱写了一个可歌可泣的传奇。

在这次大选中，非洲人国民大会获得了全国62.6%的选票。曼德拉当选为总统，姆贝基当选为第一副总统，德克勒克当选为第二副总统。非洲人国民大会在大选中取得了压倒性的胜利。

非洲人国民大会在约翰内斯堡大饭店举行了这个国家历史上规模最大的一次通宵达旦的招待会，来庆祝大选的胜利。大家兴高采烈地举杯庆贺，喜悦的气息填满了每一寸空气。曼德拉激动地向在座的所有人宣布："你们已表示了你们改造自己国家的平静而坚韧的决心。高兴吧，因为你们现在可以大声宣布：终于自由了。"

5月10日，纳尔逊·曼德拉宣誓就职南非第一任黑人总统。在就职仪式开始时，曼德拉介绍了来自世界各地的政要之后，又向人们介绍了当初他在罗本岛监狱时关押他的三名狱警。曼德拉宽宏博大的胸怀，赢得了全世界的赞誉。

在就职演说中，曼德拉向所有曾经支持他的人表示了诚挚的感谢，他向整个世界宣布，"愈合伤口的时间已经到来"，并承诺"会将所有依然遭受贫困、匮乏、苦难、性别歧视的人从束缚中解脱出来"。在演说的最后，曼德拉满怀激动地宣告："在这片黑色的土地上，再也不会出现压迫、受到全世界唾弃的侮辱。让自由之光普照世界！愿上帝保佑非洲！"

那是历史性的一刻。多少年的艰辛奋斗，多少自由战士为此献出了宝贵的生命，在这一刻终于得到了最大的弥补。

然而，当曼德拉终于带领人民翻越了种族隔离这座大山，他还要面对自己人生中其他的大山。曼德拉慨叹："在登上一座大山之后，你会发现还有更多的高山等待着你去攀登。"

6. 不老的爱情

时间会改变一个人，也会改变一段感情。

当曼德拉还在监狱中的时候，他的妻子温妮给了他无限的动力。那些日思夜念的时光，永远地雕刻在晦暗的监狱中。那一道明媚的阳光，却没有随曼德拉的出狱而一路前行。

在曼德拉出狱不久，他和温妮的感情就出现了裂痕。多年来遭受的苦难与压力造就了温妮坚强的性格，然而这份坚强却随着时间演变成一种专横跋扈。她带着"曼德拉夫人"的标签成了警察和政府频繁骚扰的对象，也成了无数黑人膜拜的偶像。她的身边聚集了一批黑人少年，那些男孩子亲切地叫她"妈妈"，温妮甚至为他们建立了"曼德拉足球俱乐部"。

这些少年轻狂不安，对温妮言听计从，但是对忤逆自己的人却毫不手软。他们怀疑一些黑人少年被白人收买，便对他们施以残酷的私刑。于是在1988年到1989年，一连串的绑架杀人案将温妮卷入其中。1989年1月，警察在曼德拉家中发现了一具被残忍杀害的少年尸体，温妮因此被判处了六年的有期徒刑，后来被保释出狱。

尽管曼德拉相信温妮是被人构陷的，但是却无法改变温妮"黑人母亲"的形象遭到严重破坏的现实。曼德拉在多年的奋斗中养成了谦逊、理智的性格，生活简朴，待人亲和，然而温妮却在多年的抗争中形成了激进、居功自傲的性情。温妮已经不再是当年那个温柔而勇敢的温妮，她的身上多了一份戾气，少了一份温情。这一切似乎都在预示着这一场患难真情的分崩离析。

温妮的所作所为对曼德拉的声誉也造成了一定的负面影响。就算曼德拉依然相信妻子对自己的忠贞，却不能接受她与自己对立的政治立场。在曼德拉致力于黑人的团结时，温妮却聚集那些黑人少年挑起黑人内部的争端。无论是从个人的感情角度来看，还是从两人各自的政治立场来看，曼德拉和温妮都很难再维系这场婚姻。

非洲人国民大会对温妮的做法同样是不满的，但是碍于曼德拉的面子，一直没有对她采取任何行动。在1991年9月全国执委会的核心工作委员会的选举中，温妮落选，按道理她不应该再担任社会福利部长，但是没多久她又被重新安排到了这个岗位上。温妮组建的"曼德拉足球俱乐部"简直就是一个"恐怖主义俱乐部"，她的种种行为也给非洲人国民大会带来了严重损失。尤其在1992年，曾为温妮出庭辩护的证人供认当时为了保护曼德拉夫人而向法庭撒了谎，这再一次让温妮的名誉扫地，也让非洲人国民大会的名誉再受破坏。

1992年5月，曼德拉终于无法忍受妻子的所作所为，提出与她分居，也撤销了她的社会福利部长职务。然而，忙于黑人解放运动的曼德拉只能将个人感情的痛苦藏在心里，每天依然像什么都没发生一样忙着繁冗的政治工作。

直到真正实现了黑人的自由与解放，曼德拉才有时间处理感情的遗留问题。1996年，曼德拉与温妮正式离婚。这是一场历经无数艰难险阻却未能白头偕老的婚姻，尽管他们没有携手走到最后，但是其中的点点滴滴在历史的长河中依然弥足珍贵。

也是在同一年，已经78岁的曼德拉再一次坠入爱河。他在出席巴黎的一次正式宴会时语惊四座："我再次坠入爱河，连我自己都没有想到！"

曼德拉这一次的恋爱对象是莫桑比克前总统马歇尔的遗孀格拉萨。

格拉萨曾接受过良好的教育，毕业于里斯本大学。她在1975年9月嫁给了莫桑比克前总统马歇尔，但是马歇尔在1986年10月的飞机失事中去世了。

曼德拉释放后，格拉萨首次前往约翰内斯堡看望曼德拉。这虽然是一场政治性的会面，但是两个人很快成了好朋友。以后，每次格拉萨去约翰内斯堡看望女儿，总是要顺便去看望曼德拉。漫长的岁月里，爱情之花悄然绽放。

1998年7月18日，曼德拉在自己80岁生日的时候迎娶了53岁的格拉萨。他开玩笑说："今后，我生活中最重要的两件事：第一件是陪伴格拉萨；第二件是陪着格拉萨到莫桑比克吃大虾。"

人老心不老。虽然曼德拉已是耄耋之年，但是他依然保持着一颗年轻的心。其实心态与年龄是没有关系的，坚持一颗年轻的心，就算苍颜白发，依然是年轻的。

7. 南非世界杯

1990年到1994年是南非种族隔离到黑人解放的过渡期。在这段时间里，因为局势动荡，南非的国民经济一直处于负增长。但是

第九章 从囚徒到总统

1994年民选的南非政府诞生后，曼德拉带领着新的领导班子进行了最大的努力，南非出现了翻天覆地的变化：种族之间趋于和解，社会局势稳定，国民经济稳步增长，人民生活水平也得到了一定的改善，尤其是长期饱受贫困之苦的黑人。

教育是影响一个国家繁荣昌盛的重要因素。曼德拉在竞选期间就向广大黑人许诺，一定让所有的孩子都得到平等的教育。1996年，政府通过了《南非教育法》，要求所有7～15岁的未成年人必须接受义务教育，废除了种族隔离时代的教材，并在小学推行了"免费午餐制度"。2006年开始，南非在义务教育阶段大规模免除学杂费，在教育上又有了新的突破。这些措施对南非的教育有着重要的作用，为南非的繁荣富强培养了大量的优秀人才。

曼德拉在辞职后过起了隐士般的生活，很少在公共场合露面。直到2004年5月，曼德拉的身影再次出现在了人们的视线中。已经86岁的他向南非民众宣布，他将会亲自带领代表团前往苏黎世为南非申请2010年世界杯的举办权。

国际足协规定，2010年世界杯必须由非洲国家主办，这对南非来说是一个大好的机会。争取这一届世界杯的国家除了南非，另外还有埃及、利比亚、摩洛哥和突尼斯四个国家。

世界杯是世界上最高荣誉、最高规格、最高水平、最高含金量、最高知名度的足球比赛，与奥运会并称为全球体育两大最顶级赛事。哪个国家能举办世界杯，那是极大的荣耀。南非从来没有举办过国际性的体育赛事，曼德拉希望南非取得2010年世界杯的举办权。

2004年是南非消除种族隔离十周年，曼德拉希望以申请世界杯举办权来作一次庆祝，并向世界人民宣告：无论大家是何种肤色、何种语言、何种宗教信仰，都可以因为足球而走到一起。

曼德拉带领着前任白人总统德克勒克、诺贝尔和平奖获得者大主教图图、当时的总统姆贝基等人组成的明星团浩浩荡荡地向苏黎世进发。

在24位国际足联委员面前，曼德拉进行了声情并茂的争取陈述："在我被关押在监狱里的那些岁月中，我和其他囚犯唯一受到的优待就是能够收听足球比赛广播。而我们在监狱里的活动除了投石子之外，最热爱的就是组织足球比赛。"

那些峥嵘岁月，在曼德拉的陈述中仿佛放映了一场难忘的电影。那些话给人们留下了深刻的印象，也深深地打动了足联委员。最后，国际足联主席宣布，获得2010年世界杯举办权的是南非。那一刻，整个会场爆发出雷鸣般的掌声，曼德拉身披国旗，向人们打着胜利的手势。

媒体对这件事作了这样的评价：与其说国际足联将票投给南非，倒不如说是投给了曼德拉。

是曼德拉个人的魅力，打动了整个世界。

2010年，南非世界杯如期举行。年近92岁的曼德拉身体已经比较虚弱，却不顾家人反对毅然作出参加世界杯开幕式的决定。很多人为能看见这位传奇老人兴奋不已，都对南非世界杯翘首以盼。媒体也作出这样评价：南非世界杯最大的看点是曼德拉。

然而，世事难料。就在开幕式开始的前几个小时，曼德拉却惊闻噩耗：他最疼爱的年仅13岁的曾孙女泽那尼在车祸中去世。这对一位耄耋之年的老人来说无异于晴天霹雳。白发人送黑发人，老人心中的痛楚可想而知。他最终没能参加世界杯的开幕式，这也成为曼德拉乃至南非世界杯永远的遗憾。不过，令人欣慰的是，曼德拉参加了南非世界杯的闭幕式，那些对曼德拉充满了无限期待的人总算没有失望。

南非世界杯的吉祥物是一只长着绿色卷发的可爱豹子，名叫扎库米。南非世界杯组委会还给扎库米确定了出生年月日——1994年6月16日。这是南非结束种族隔离的日子，这个别具心裁的"生日"对于南非来说也是有着非凡意义的。

种族隔离的结束，让南非的面貌焕然一新。从青年时代开始，一直到白发苍苍的耄耋之年，曼德拉为结束种族隔离作出了巨大的贡献。他不仅让南非黑人看到了自由与光明，也让世界其他地区遭受种族隔离压迫的人们看到了希望的曙光。

8. 人人都爱曼德拉

帝王花在亘古的光阴里如火如荼地盛放。美轮美奂的花瓣里，雕刻着一个民族的勇敢与坚强。

每一个梦想，都需要用血汗去实践。曼德拉将自己的梦想覆盖了全人类的利益，他的一生，是逐梦的旅程，历尽千辛万苦，终于摘得了梦想的果实。

他为南非的发展作出了卓越的贡献，功成身退后，依然心系天下，始终将国家与人民的利益牵挂在心。

种族隔离的制度经过漫长的岁月，在南非几乎无所不在，彻底消除种族隔离是一个漫长的过程。种族隔离的余毒对一些偏远地区的黑人在曼德拉执政后的很长一段时间里依然存在一定的影响，为了彻底消除这些诟病，曼德拉作出了种种努力。

为了促进经济的发展，非洲人国民大会吸取了一些国家激进经济政策失败的教训，改变了过去坚持的计划经济、对大企业国有化的主张，并在新经济纲领中明确提出"混合经济体制"，允许多种经济成分并存。这使得南非的国民经济活跃起来，并很快建立了良好的周边关系，国际经济与贸易得到很好发展。

思想是一个民族另一种力量的表现。曼德拉觉得南非人民的思想和经济发展计划的实施同等重要。在他执政后不久接见英国《独立报》记者时谈到："我至少应干满今后的五年。但五年之后我就80岁了，我认为80岁的人就不适合担任政治要职了。"

记者继续问："那你在这五年里的主要任务是什么？"

曼德拉思考了一下，然后很严肃地回答："我的主要任务是转变所有南非人的思想，使他们树立一种新的民族特性、忠诚和统一的意识，即使这意味着要宽恕过去的许多罪恶。"

温妮被任命为新政府的文艺和科技部副部长。有人对曼德拉的做法不解，认为温妮既然是受到判决的罪犯，怎么又任命她呢？曼德拉对此是有自己的看法的。他是最了解温妮的，虽然她犯了错误，但是她的功绩也是不可忽视的，"无论我们怎样批评曼德拉夫人，她毕竟作出了可贵的贡献。在70年代末和80年代，她一度曾是整个国家的号召力量，而且受到了最无耻的迫害。她勇敢地经受了考验。她发挥了作用，因此有资格担任那个职务"。

曼德拉的解释不仅化解了一些人对温妮的抵触，更让所有人都看到了曼德拉的宽宏与仁善。他是从民族团结的角度来考虑问题的，只有和解，只有让一个国家里的各个民族、组织团结起来，这个国家的人民才能过上太平安稳的好日子。

"度尽劫波兄弟在，相逢一笑泯恩仇。"团结，能让一个家庭幸福美满，能让一个组织发展壮大，能让一个国家繁荣昌盛，更能让整个世界和谐太平。团结，就像帝王花合抱的花瓣，只有团结起来，才构成了最美的花朵。

曼德拉为人谦和，虽然是一位政治领袖，但给世人留下的印象却是慈祥，而不是严肃。现实中，曼德拉不仅是一位政治上的风云人物，在平日的生活里更是一位幽默大师。和他在一起的人，都会觉得生活充满乐趣。

2000年的"大猩猩事件"对很多人来说都是比较熟悉的。一位警察在南非全国警察总署的总部大楼打开电脑之后，发现屏幕上曼德拉的头像竟然变成了一只大猩猩的头像。这种公然的侮辱几乎让整个南非的国民都义愤填膺，纷纷要求严惩恶作剧者。

然而，当曼德拉知道这件事后却只是置之一笑，还安慰大家说："我的形象和尊严并不会因此而受到伤害。"

曼德拉的宽广胸怀再一次让人们钦佩不已。几天后，曼德拉参加地方选举的投票，当工作人员例行公事地检查曼德拉和他的照片时，曼德拉笑着说："你看我像大猩猩吗？"一句话引得在场的人们顿时哈哈大笑。

不久，曼德拉又参加了一所新建学校的竣工典礼，曼德拉开心地对孩子们说："看到你们有这样的好学校，连大猩猩都为你们感到高兴。"老人的幽默立即让孩子们笑得前仰后合。

曾经27年的牢狱之灾让他放下了仇恨。面对人生的苦难，他心如止水。就算面对曾经伤害他的人，曼德拉依然以德报怨。在光荣的巅峰，他从容转身，不恋权力。试问茫茫尘寰，有多少人能做到？

9. 历史的巨人

岁月的风霜，在曼德拉的面庞上刻下了丝丝纹路，每一道纹路，都如同史书的目录般深藏着一段沧桑的历史。英国广播公司（BBC）曾这样评价曼德拉：如果选一个人来治理整个地球，最受拥戴的人就是南非前总统纳尔逊·曼德拉。

这辉煌的一生，宛如一幅波澜壮阔的长卷。只是，生老病死是大自然的法则，没有人可以违抗。

2011年1月，曼德拉患上了严重的肺部感染而不得不入院治疗，病情稳定后才回到家里。从这时候开始，曼德拉便开始了严密的医疗监护生活。

疾病生在他的身体上，而感受着痛苦和忧虑的却是全体南非人民乃至整个世界。人们知道不可能永远地将这位伟人挽留住，但总希望留住的时间长一些，再长一些。

2013年的夏天，曼德拉肺部感染的病症一度加重。尽管病情最后得到了控制，但是曼德拉的身体已经大不如前了。他的健康状况成了所有人担忧的问题。

人们最担心的这一天终于来了。2013年12月5日晚，这位有着"全球总统"美誉的老人终于悄悄离开了这个世界。

消息发出，立即引起了世界范围的哀恸。

南非民众都纷纷采用各种方式悼念曼德拉。有人用曼德拉的海报做成帽子戴在头上，有人高举着曼德拉的照片，有人以唱歌、跳舞的方式怀念这位伟大的领袖……

曼德拉的官方追悼会是在12月10日于约翰内斯堡FNB体育场举行的。一共有一百多位各国的领导人和近九万南非各界代表出席了追悼会。

那一天，约翰内斯堡下起了雨，人们为了能进入体育馆参加追悼会，不得不在场外冒雨等候。即便在雨中站了几个小时，人们也毫无怨言。他们知道，这是最后一次瞻仰这位伟大的领袖了。

联合国秘书长潘基文说，曼德拉的去世，使南非失去了"一位英雄和一位父亲"，并将曼德拉称为"我们这个时代最伟大的领袖之一，最伟大的老师之一"。

美国总统奥巴马也出席了追悼会。他赞扬曼德拉为"历史的巨人""二十世纪最伟大的民族解放者"之一。

第九章　从囚徒到总统

曼德拉是南非的第一任黑人总统，奥巴马是美国的第一任黑人总统。或许是这样的身份，让奥巴马对曼德拉有着更为深刻的感情。他讲到，自己在曼德拉身上学到了很多东西，"曼德拉教给我们行动的能力，也教给我们很多想法。即便身处逆境，他也能够坚持学习，从朋友身上学，也从对手的身上学。他把对他的审判，变成控诉种族隔离制度的舞台……"这些宝贵的精神，不仅是曼德拉人生的智慧结晶，也将是鞭策我们勇往直前的力量。

在致辞的最后，奥巴马用富于哲理的话做了收尾："当夜晚变得更加黑暗，当不公重重压在心头，或者当如意算盘失控，想想马迪巴（曼德拉族名敬称），想想他囚室四壁上的名言：我是我命运的主人，我是我灵魂的船长。"这既是对曼德拉的赞扬，也是对他自己乃至所有人的激励。

这样规模庞大的追悼会几乎是史无前例的。曼德拉是南非的国父，也是世界的英雄。全世界的人都那样深沉地热爱着他，对他的去世都感到沉沉的悲痛，这一颗光芒闪耀的星，虽然离开了人间，但是他的光芒将永远照耀寰宇。

曼德拉是南非人的骄傲。他的历史，是一部个人的逐梦史，也是南非的一部黑人解放运动史。这一世光荣，对于曼德拉来说已经不再重要。人生暮年，能够安安稳稳地抱着追逐了一生的梦想静赏昔年风景，这是多少人最热切的渴望！

曼德拉实现了个人的愿望，也实现了一个民族的愿望，更实现了一个世界的愿望。他的名字，将在世界的史册中永垂不朽！

后 记

黑的极致是最绚烂的光芒。

曼德拉以他坚强的斗志、不屈不挠的精神与对梦想坚持不懈的追求赢得了全世界人民的拥戴。

美国第一位黑人总统奥巴马这样评价曼德拉:"曼德拉非凡的人生以及对民主、和解原则的坚守仍然是争取尊严、公正和自由的人们的灯塔。这些年来,我怀着十分谦卑的心情关注着他,崇拜着他。"

曼德拉的坚持,不仅实现了自己的愿望,更实现了千千万万黑人的自由梦。坚持,是通往梦想的必经之路。这条路也许荆棘重重,也许险恶不断,但是只要永不停歇地坚持下去,总会看到希望的曙光。

他是一位优秀的政治领袖,无论是在荒凉的罗本岛,还是在繁华的约翰内斯堡,无论生活贫瘠困苦,还是充裕富足,他都是很从容地面对。不以物喜,不以己悲,物质生活对他仿佛没有影响;不管荒芜与繁华,他都能认真地生活下去。

白人政府将曼德拉困在罗本岛,无非是两个目的:摧毁他的斗志,让世界忘掉他。然而,政府的如意算盘打错了,两个目的没有一个达到,反而激起了曼德拉更加坚强的斗志。世界也没有忘掉曼德拉,甚至因为这一场牢狱之灾,对他的印象更加深刻起来。

人们赞美他,钦佩他。曼德拉在罗本岛上的一名狱友埃迪·丹

后 记

尼尔斯这样评价他：曼德拉先生是一位善良的人。他能同国王一起散步，也能同乞丐一起散步，他是最和蔼、最诚实、最爱和平的人士之一。

大大小小的斗争在曼德拉的生命中留下了大大小小的光圈。大到与政府进行的种族隔离的抗争，小到与监狱当局关于一个太阳镜的抗争，每一场抗争，曼德拉都坚持着自己的信念。曼德拉是热爱和平的人，正是那些大大小小的抗争，迎来了他暮年的太平，也迎来了整个南非的太平。

曼德拉的名字已经成了一个世界性的名字。在伦敦、利兹、都柏林、塞内加尔等地都有以"曼德拉"命名的学校、公园、广场、街道、活动中心等等，足可见曼德拉对整个世界的影响。他领导的黑人解放运动成为了世界其他承受着种族隔离之痛的人民的榜样。人民在南非看到了希望，在曼德拉身上看到了光明。

曼德拉所带来的自由、正义与民主如同一轮明媚的太阳，照耀着整个世界。曼德拉的名字会与他所带来的自由、正义与民主一起，刻在人民的心中，千秋万代，直至永恒。

图书在版编目（CIP）数据

我把一生献给你：曼德拉传 / 杨帆著.—北京：中国书籍出版社，2014.1
ISBN 978-7-5068-4003-3

Ⅰ.①我… Ⅱ.①杨… Ⅲ.①曼德拉，N.（1918~2013）—传记 Ⅳ.①K834.787=5

中国版本图书馆 CIP 数据核字（2013）第 303486 号

我把一生献给你：曼德拉传

杨帆　著

策划编辑	李立云
责任编辑	李立云　宋　然
责任印制	孙马飞　张智勇
封面设计	尚世视觉
出版发行	中国书籍出版社
地　　址	北京市丰台区三路居路 97 号　（邮编：100073）
电　　话	（010）52257143（总编室）　　（010）52257153（发行部）
电子邮箱	yywhbjb@126.com
经　　销	全国新华书店
印　　刷	北京欣睿虹彩印刷有限公司
开　　本	710 毫米 × 1000 毫米　1/16
字　　数	210 千字
印　　张	16.25
版　　次	2014 年 3 月第 1 版　2014 年 3 月第 2 次印刷
书　　号	ISBN 978-7-5068-4003-3
定　　价	38.00 元

版权所有　翻印必究